講談社 火の鳥 伝記文庫

わたしの生涯《しょうがい》 ヘレン・ケラー自伝《じでん》

ヘレン・ケラー 作
今西祐行《いまにしすけゆき》 訳
佐竹美保《さたけみほ》 絵

はじめに

「見《み》えない、聞《き》こえない、しゃべれない。」
三重苦《さんじゅうく》を乗《の》りこえて、闇《やみ》から光《ひかり》の世界《せかい》へ歩《あゆ》みだした、
少女《しょうじょ》ヘレン・ケラー。
その大《おお》きな一歩《いっぽ》のきっかけは、
ポンプからほとばしりでる水《みず》を受《う》けながら、
小《ちい》さなてのひらに、サリバン先生《せんせい》が指《ゆび》でつづった
「ウォーター」の言葉《ことば》でした。
このときから、まったく新《あたら》しい世界《せかい》、
生《い》きる喜《よろこ》び、知恵《ちえ》のとびらが開《ひら》かれました。
豊《ゆた》かな家《いえ》の子《こ》と、まずしい移民《いみん》の子《こ》。
生《お》い立《た》ちはちがっていても、ふたりは

同《おな》じような世界《せかい》に住《す》んでいました。だからこそ、心《こころ》と心《こころ》とが強《つよ》くむすばれたのです。

「20世紀《せいき》の奇跡《きせき》の人《ひと》」といわれるヘレン・ケラー。

その人《ひと》を、愛《あい》とまごころの指《ゆび》で、光《ひかり》の世界《せかい》へみちびいたサリバン先生《せんせい》も、また、「奇跡《きせき》の教師《きょうし》」でした。

ヘレンは、特別《とくべつ》の子《こ》としてではなく、ごく普通《ふつう》の子《こ》として教育《きょういく》されました。

そこに、ヘレンが才能《さいのう》を花開《はなひら》かせることができた、大切《たいせつ》なものがかくされています。

ふたりの奇跡《きせき》の人《ひと》は、そのたたかいを、いつ、どこで、どのように始《はじ》めたのでしょうか。

もくじ

はじめに —— 2

1 白《しろ》い闇《やみ》の中《なか》で

光《ひかり》をうしなうまで —— 7
病気《びょうき》のあと —— 17
遊《あそ》び友《とも》だち —— 21
わたしの家族《かぞく》 —— 28
ボルチモアへの楽《たの》しい旅《たび》 —— 35
希《き》望《ぼう》の光《ひかり》 —— 41
サリバン先生《せんせい》 —— 45
木登《きのぼ》り —— 54
「愛《あい》」という言葉《ことば》 —— 59
わたしの勉強《べんきょう》 —— 67
クリスマス —— 75

2 旅《たび》立《だ》ち

ボストンへ —— 79
海辺《うみべ》の夏《なつ》 —— 84
山《やま》の思《おも》い出《で》 —— 89
はじめての雪《ゆき》 —— 96
話《はな》し方《かた》 —— 101
『霜《しも》の王様《おうさま》』事件《じけん》 —— 108
ナイアガラと万国博覧会《ばんこくはくらんかい》 —— 118
ろう学校《がっこう》へ —— 124

3 光《ひかり》ある世界《せかい》

大学受験《だいがくじゅけん》 128
大学生活《だいがくせいかつ》 138
本《ほん》の思《おも》い出《で》 146
わたしの楽《たの》しみ 153
ベル博士《はくし》の思《おも》い出《で》 160
マーク・トウェインの思《おも》い出《で》 179
わたしの進《すす》むべき道《みち》 193

ヘレン・ケラーの年表《ねんぴょう》 204
解説《かいせつ》
奇跡《きせき》の先生《せんせい》アン・サリバン
鳥飼行博《とりかいゆきひろ》 208
ヘレン・ケラーをめぐる歴史人物伝《れきしじんぶつでん》 216
障害者《しょうがいしゃ》のためにはたらいた人《ひと》たち 220

I 白《しろ》い闇《やみ》の中《なか》で

光《ひかり》をうしなうまで

わたしは、1880年《ねん》の6月《がつ》27日《にち》、アラバマ州北方《しゅうほっぽう》の、テネシー川《がわ》のほとりにある、タスカンビアという小《ちい》さな町《まち》に生《う》まれました。

父《ちち》はスイス人《じん》、カスパー・ケラーという人《ひと》の子孫《しそん》で、スイス人《じん》のわたしたちの先祖《せんぞ》のひとりに、チューリヒで最初《さいしょ》に耳《みみ》の聞《き》こえない人《ひと》の教育《きょういく》をしたという、ろう教育者《きょういくしゃ》がいたということです。ろう者《しゃ》の教育《きょういく》にかんする本《ほん》などもあらわしているということですが、なんとも不思議《ふしぎ》なめぐりあわせです。

もっとも、昔《むかし》から、

「どんな王《おう》さまでも、その祖先《そせん》にはどれいがおり、どんなどれいでも、その祖先《そせん》には

王《おう》さまがいる。」

といわれますから、べつにそれほど不思議《ふしぎ》なことではないかもしれません。

わたしのおじいさん、つまり、カスパー・ケラーという人《ひと》の息子《むすこ》になるのですが、この人《ひと》は、アラバマ州《しゅう》に広《ひろ》い広《ひろ》い土地《とち》を手《て》に入《い》れ、のちにそこに住《す》みつきました。おじいさんは年《ねん》に1度《ど》、タスカンビアから馬《うま》に乗《の》って、フィラデルフィアまで、農場《のうじょう》で必要《ひつよう》なものを買《か》いに出《で》かけたそうです。

おじいさんは、たいそう子《こ》どもをかわいがった人《ひと》で、その長《なが》い旅《たび》の途中《とちゅう》のできごとを、いつも、おもしろおかしく手紙《てがみ》に書《か》いて、うちに出《だ》したということです。わたしのおばは、その手紙《てがみ》をいまも大事《だいじ》に持《も》っています。

わたしのおばあさんは、アメリカの独立戦争《どくりつせんそう》〔1〕のとき、アメリカの植民地軍《しょくみんちぐん》のためにはたらいた、フランスの軍人《ぐんじん》、ラファイエットの副官《ふくかん》であったという、アレキサンダー・ムーアの娘《むすめ》です。また、植民地時代《しょくみんちじだい》のバージニアの総督《そうとく》、アレキサンダー・スポッツウッドの孫《まご》にあたります。それに、おばあさんは、南北戦争《なんぼくせんそう》〔2〕のときの南軍《なんぐん》の総司令官《そうしれいかん》、ロバート・リー将軍《しょうぐん》のまたいとこでもありました。

わたしの父《ちち》はアーサー・ケラーといって、南軍《なんぐん》の大尉《たいい》でした。母《はは》の名《な》はケイト・アダムス、父《ちち》よりだいぶ年《とし》は下《した》でした。

わたしから目《め》と耳《みみ》を一度《いちど》にうばってしまった、あの病気《びょうき》にかかるまでは、わたしは四角《しかく》な大部屋《おおべや》と、やとい人《にん》がねる小部屋《こべや》がひとつきりの、小《ちい》さな家《いえ》に住《す》んでいました。

アメリカの南部《なんぶ》では、母屋《おもや》の近《ちか》くに小《ちい》さなはなれ家《や》をたて、なにかのときに用《もち》いる

[1] 1775年《ねん》、イギリスの植民地《しょくみんち》だったアメリカの13州《しゅう》が、独立《どくりつ》するため、イギリスを相手《あいて》に起《お》こした戦争《せんそう》。翌年《よくねん》、独立宣言《どくりつせんげん》を発表《はっぴょう》。1783年《ねん》、パリ条約《じょうやく》によって正式《せいしき》に独《どく》立《りつ》がみとめられた。

[2] 1861年《ねん》、アメリカの南部《なんぶ》と北部《ほくぶ》の間《あいだ》で起《お》こった戦争《せんそう》。どれいを使《つか》い発展《はってん》した南《なん》部《ぶ》は、商工業者《しょうこうぎょうしゃ》が自由《じゆう》に貿易《ぼうえき》できるよう主張《しゅちょう》した。これに対《たい》して、北部《ほくぶ》はどれい制度《せいど》をやめ、国《くに》が貿易《ぼうえき》を制限《せいげん》するよう主張《しゅちょう》した。1865年《ねん》、北部《ほくぶ》が勝利《しょうり》して、戦争《せんそう》は終《お》わった。

ならわしになっています。父《ちち》は南北戦争《なんぼくせんそう》がすむと、そういうはなれ家《や》をたてて、母《はは》と結婚《けっこん》してから、そこに住《す》んでいたのです。

その小《ちい》さなはなれ家《や》は、すっかりぶどうとつるばらと、すいかずらにおおわれ、庭《にわ》から見《み》ると、まるで公園《こうえん》の風流《ふうりゅう》な休《やす》み場所《ばしょ》かと思《おも》われるような家《いえ》でした。その小《ちい》さな玄関《げんかん》は、黄色《きいろ》のばらと、さるとりいばらのかげにかくれて、そこにはいつも、はちどりやみつばちがむらがっていました。

祖父母《そふぼ》が住《す》む母屋《おもや》は、わたしたちのその小《ちい》さな家《いえ》から二、三歩《ぽ》のところにあって、建物《たてもの》も立《た》ち木《き》も垣根《かきね》も、すっかり美《うつく》しいつたにおおわれていました。それで母屋《おもや》は、「つたみどりの家《いえ》」とよばれていました。

わたしは、こんなに美《うつく》しい家《いえ》に生《う》まれたのです。この昔風《むかしふう》な庭《にわ》が、おさないころのわたしの楽園《らくえん》でした。

わたしの生涯《しょうがい》の始《はじ》まりは、なにも特別《とくべつ》にかわったものではありません。どの家《いえ》でも、はじめての子《こ》どもが生《う》まれたときは、大《おお》さわぎするものです。わたしの家《いえ》でもそ

うでした。

なんという名前《なまえ》にしようか、いろんな人《ひと》が、いろんなふうに言《い》いだしましたが、これも、どこの家《いえ》でもよくあることでしょう。

「いいかい、はじめての子《こ》の名《な》は、かるがるしく決《き》めてはいけないぞ。」

だれもが、そんなことを言《い》いました。

父《ちち》は、自分《じぶん》がもっとも尊敬《そんけい》している先祖《せんぞ》の、ミルドレッド・キャンベルという名《な》がいいと主張《しゅちょう》しましたが、だれも賛成《さんせい》しそうにないので、それきりだまってしまいました。

母《はは》は、自分《じぶん》の母《はは》、つまりわたしの母方《ははかた》の祖母《そぼ》の結婚前《けっこんまえ》の名前《なまえ》、ヘレン・エベレットを、そのままもらうことを主張《しゅちょう》しました。そして、やっとのことで、それに決《き》まったのでした。

ところが、父《ちち》は、わたしをつれて教会《きょうかい》へ行《い》く途中《とちゅう》で、その名《な》をわすれてしまいました。もともと、あまり賛成《さんせい》していなかったのですから、むりもありません。

「名前《なまえ》は、なんとしますか。」

牧師《ぼくし》さんにたずねられましたが、父《ちち》は、とにかく、母方《ははかた》の祖母《そぼ》の名《な》をもらったということしかおぼえていませんでした。そして、結婚前《けっこんまえ》のエベレットの代《か》わりに、結婚《けっこん》後《ご》のアダムスという名《な》を言《い》ってしまいました。

こうしてわたしは、ヘレン・アダムス・ケラーと、名《な》づけられたのです。

わたしは、まだほんの赤《あか》んぼうのころから、一本気《いっぽんぎ》で、きかん気《き》だったそうです。人《ひと》のすることは、なんでもやってみないと承知《しょうち》しなかったということです。

そして、生《う》まれて6か月目《げつめ》に、もう片言《かたこと》で、

「こんにちは。」

と言《い》ったり、

「ティー、ティー(お茶《ちゃ》、お茶《ちゃ》)。」

と、はっきり発音《はつおん》して、みんなをおどろかせたそうです。

やがて大病《たいびょう》をして、口《くち》もきけなくなったのですが、そのころおぼえた言葉《ことば》のなか

で、病気《びょうき》のあとでも、ひとつだけおぼえているものがあります。それは、「ウォーター（水《みず》）」という言葉《ことば》です。わたしはこの言葉《ことば》のつもりで、いつも、「ウォーウォー。」という音《おん》を、口《くち》から出《だ》していました。「ウォーウォー。」と言《い》うのをやめたのは、この言葉《ことば》が、字《じ》でつづれるようになってからのことでした。

わたしが歩《ある》きはじめたのは、ちょうど満《まん》1歳《さい》の誕生日《たんじょうび》だったということです。母《はは》がわたしを湯船《ゆぶね》からだきあげて、ひざの上《うえ》に乗《の》せたとき、わたしは、床《ゆか》の上《うえ》に太陽《たいよう》が木《こ》の葉《は》のかげをちらちらおどらせているのを見《み》たのです。とつぜん、わたしは母《はは》のひざからすべりおりて、そのちらちらおどるかげをつかまえに、かけだしたのでした。

しかし、次《つぎ》の瞬間《しゅんかん》、わたしはその床《ゆか》にたおれたまま、母《はは》をもとめて泣《な》きだしてしまいました。

けれども、こんなに幸《しあわ》せな日《ひ》は、いつまでもつづきませんでした。

こまどりと、ものまねどりの歌声《うたごえ》でにぎやかな、短《みじか》い春《はる》。

くだものと、ばらの花《はな》がいっぱいの夏《なつ》。

黄金色《こがねいろ》と真紅《しんく》にもえるもみじの秋《あき》。

この3つの季節《きせつ》は、おさないわたしに、それぞれのおくりものをのこして、あわただしくすぎていきました。

そして、あのうっとうしい2月《がつ》に、おそろしい病気《びょうき》がやってきて、わたしのふたつの目《め》と、ふたつの耳《みみ》を、永遠《えいえん》にとざし、生《う》まれたばかりの赤《あか》んぼうと同《おな》じ状態《じょうたい》に、つきおとしていったのです。

その病気《びょうき》は、急性《きゅうせい》の胃《い》と脳髄《のうずい》の充血《じゅうけつ》だということでした。お医者《いしゃ》さまは、その高《たか》い熱《ねつ》をみて、とても助《たす》かる見《み》こみはないと、はじめから決《き》めていました。

けれど不思議《ふしぎ》なことに、ある朝早《あさはや》く、熱《ねつ》は出《で》たときと同《おな》じように、とつぜん、わけもなく引《ひ》いてしまいました。

その朝《あさ》の家族《かぞく》の喜《よろこ》びようったらありません。そして、だれひとり、お医者《いしゃ》さまでさえ、わたしが一生《いっしょう》、見《み》ることも、聞《き》くこともできない体《からだ》になっていようとは、思《おも》わなかったのでした。

わたしはいまでも、おぼろげながら、この病気《びょうき》のようすを記憶《きおく》しているように思《おも》います。目《め》をさましさえすれば、母《はは》はいつもそこにいて、わたしの苦《くる》しみをなぐさめようと、いろいろしてくれました。

また、苦《くる》しい夢《ゆめ》うつつにも、あんなにすきだった光《ひかり》が、日《ひ》一日《いちにち》とかすんでいくのを知《し》ったときの悲《かな》しいおどろきは、とうてい、わすれることはできません。

それからのちは、だんだん、光《ひかり》も音《おと》もない世界《せかい》にもなれてしまい、かつて見聞《みき》きすることができたということも、あのわたしの先生《せんせい》――サリバン先生《せんせい》があらわれて、わたしのとざされたたましいをときはなってくださるまで、すっかりわすれておりました。

けれども、わたしの生涯《しょうがい》の最初《さいしょ》の19か月《げつ》のあいだに心《こころ》にやきつけられた、広《ひろ》い緑《みどり》の野《の》、光《ひかり》にみちた空《そら》、木《き》や花《はな》のささやきは、けっしてわすれることはできません。

病気《びょうき》のあと

病気《びょうき》がなおってしばらくのあいだのことは、よくおぼえておりません。ただ、いつも母《はは》のひざの上《うえ》にこしかけていたことと、母《はは》が、なにか用事《ようじ》で立《た》ちあがると、その服《ふく》のすそをつかんで、どこへでもいっしょに行《い》ったことだけは、わすれません。

しかし、そのうちにわたしは、手《て》さぐりで、ものの形《かたち》や動《うご》きを知《し》るようになりました。

やがて、自分《じぶん》の意思《いし》を人《ひと》につたえることが必要《ひつよう》になり、かんたんな身《み》ぶりで合図《あいず》をするようになりました。

首《くび》を横《よこ》にふれば「ノー。」、うなずけば「イエス。」、引《ひ》っぱるのが「来《き》てちょうだい。」、おすのが「行《い》ってちょうだい。」です。

パンがほしくなると、パンを切《き》って、バターをぬるまねをしました。アイスクリームがほしくなると、アイスクリーム製造器《せいぞうき》を動《うご》かす身《み》ぶりをしました。これはときどき、ほかのものをつくってほしいこととまちがえられましたので、「つめたい」ということをしめすために、身《み》ぶるいをしました。

母《はは》のほうでも、わたしにいろんなことをわからせるのに、ずいぶん苦労《くろう》しましたが、やがて、母《はは》のしてほしいことは、なんでもわかるようになりました。

母《はは》がわたしになにかとってきてほしいと思《おも》ったときは、いつもすぐにわかって、2階《かい》へでも、台所《だいどころ》へでも、どこへでも走《はし》っていきました。

ほんとうに、母《はは》の愛《あい》のこもった知恵《ちえ》のおかげで、わたしの長《なが》い長《なが》い夜《よる》も、けっして暗《くら》いばかりではありませんでした。

身《み》の回《まわ》りに起《お》こるできごとも、たいていわかるようになりました。

5歳《さい》のときには、洗濯屋《せんたくや》さんがあらったものをとどけにくると、わたしはそれをちゃんとたたんで、かたづけることをおぼえました。それが自分《じぶん》のものか、人《ひと》のものかも、区別《くべつ》することができました。

母《はは》やおばが外出《がいしゅつ》するのは、服《ふく》の着方《きかた》で、すぐにわかりました。そして、かならず、

「わたしも行《い》く……。」

とせがみました。

うちにお客《きゃく》さまがあると、わたしはいつもよびだされ、引《ひ》きあわされました。そして、お客《きゃく》さまのお帰《かえ》りのときにも送《おく》って出《で》て、よく手《て》をふりました。

ある日《ひ》、母《はは》のところへ、幾人《いくにん》かの男《おとこ》のお客《きゃく》さまが来《こ》られたことがありました。わたしは、玄関《げんかん》のドアのしまるひびきやなにかで、いちはやくそれを知《し》りました。

そのとき、ふとわたしは、母《はは》やおばがするように、盛装《せいそう》しておむかえしようと思《おも》いたちました。わたしは2階《かい》にかけのぼると、大急《おおいそ》ぎで鏡《かがみ》の前《まえ》に行《い》きました。鏡《かがみ》というものが、どんな役《やく》に立《た》つものか、もちろん見《み》えないわたしにはわかりません。でも、だれでもがそうするのですから、わたしも鏡《かがみ》の前《まえ》に立《た》って、頭《あたま》に油《あぶら》をつけ、顔《かお》におしろいをせっせとぬりつけました。

それがすむと、ベールをかぶって顔《かお》をおおい、うまく肩《かた》までたれかかるようにしま

した。それから旅行《りょこう》のときなどに使《つか》う大《おお》きな腰当《こしあ》てをとりだし、わたしの小《ちい》さな胴《どう》にまきつけました。腰当《こしあ》てはスカートと同《おな》じくらい、すそまでさがりました。

すっかり身《み》じたくが終《お》わると、わたしはいそいそと、お客《きゃく》さまの接待《せったい》を手《て》つだうために、下《した》におりていったのでした。

わたしが、自分《じぶん》は、ほかの人《ひと》とちがっているということを知《し》りはじめたのは、いつのころだったでしょうか。それは、はっきりとはおぼえていませんが、サリバン先生《せんせい》が来《き》てくださるよりは以前《いぜん》のことでした。

母《はは》や友《とも》だちが、ほかの人《ひと》とお話《はなし》をするときには、わたしのように手《て》まねでなく、口《くち》を使《つか》って話《はな》すのだということに気《き》がついたのも、そのころのことでした。

わたしは何度《なんど》も、話《はな》しあっているふたりのなかに入《はい》って、ふたりのくちびるにさわってみました。しかし、それがなんのことなのか、さっぱりわかりません。

わたしも一生懸命《いっしょうけんめい》、くちびるを動《うご》かしてみました。もちろん、言葉《ことば》になるはずがありません。わたしはだんだん、いらいらした気持《きも》ちになり、しまいには、ふたりの間《あいだ》で地団駄《じだんだ》をふみ、人《ひと》をけとばし、大声《おおごえ》でわめきちらして、あげくのはてには、その場《ば》に泣《な》きくずれてしまうのでした。

そんなわたしにも、自分《じぶん》が悪《わる》いことをしたということはわかっていたようです。乳母《うば》のエラは、わたしがけるといたがりましたし、わたしは自分《じぶん》でも、かんしゃくを起《お》こしたあとは、すこしも楽《たの》しくなく、いつも悲《かな》しく後悔《こうかい》しました。かといって、かんしゃくをやめることはできませんでした。

遊《あそ》び友《とも》だち

そのころのわたしの遊《あそ》び相手《あいて》は、料理人《りょうりにん》の子《こ》のマーサ・ワシントンという黒人《こくじん》の女《おんな》の子《こ》と、ベルとよぶ、セッター種《しゅ》の老犬《ろうけん》でした。

マーサはわたしの手《て》まねがよくわかりましたので、遊《あそ》ぶのにすこしの不便《ふべん》もありませんでした。そして、たいていわたしの望《のぞ》みどおり、いいつけどおりにしてくれました。わたしはマーサに、まるで自分《じぶん》の家来《けらい》のように指図《さしず》しました。マーサのほうでも、けんかするよりはと思《おも》って、わたしのわがままをとおしてくれたのでしょう。わたしは力《ちから》が強《つよ》く、あばれんぼうで、向《む》こうみずで、自分《じぶん》がいったんこうだと思《おも》ったら、もう、ぜがひでもとおさないと気《き》がすまないたちでした。

わたしたちはたいてい台所《だいどころ》で、粉《こな》をこねたり、アイスクリームづくりを手《て》つだったり、コーヒー豆《まめ》をひいたり、ケーキ皿《ざら》のことでけんかをしたりしていました。そうして台所《だいどころ》できゃっきゃとさわいでいると、いつも裏口《うらぐち》のところへ、にわとりや、七面鳥《しちめんちょう》がやってきました。

鳥《とり》たちは、わたしたちによくなれていて、手《て》からじかにえさを食《た》べ、さわっても平《へい》気《き》でした。

ある日《ひ》、大《おお》きな七面鳥《しちめんちょう》が、わたしのにぎっていたトマトを、ふいに引《ひ》ったくってにげたことがありました。わたしは、そのすばしっこさにすっかり感心《かんしん》してしまいました。そして、今度《こんど》はわたしが七面鳥《しちめんちょう》のまねをして、料理人《りょうりにん》が、砂糖《さとう》の衣《ころも》をかけたばかりのケーキをさっと持《も》ちさり、まきを山《やま》と積《つ》みあげたところにかくれて、すっかり平《たい》らげてしまいました。おかげで大《おお》ばちが当《あ》たり、わたしはあくる日《ひ》、おなかをこわしてしまいました。

ほろほろちょうは、人目《ひとめ》につかないところに巣《す》をつくりますが、それをさがすのが、わたしは大《だい》すきでした。

「マーサ、ほろほろちょうの卵《たまご》をさがしにいきましょうよ。」

口《くち》では言《い》えませんから、両手《りょうて》でにぎりこぶしをつくって、それを地面《じめん》におく身《み》ぶりをします。それは、草《くさ》むらにある丸《まる》いもの、つまり卵《たまご》のことなのです。マーサは、いつもすぐにわかってくれました。

卵《たまご》が見《み》つかったときのうれしさったらありません。

「ころんでわるといけないから、わたしが持《も》って帰《かえ》るわ。」

そんなとき、わたしはいつも身《み》ぶりでマーサにそう言《い》うと、しっかり自分《じぶん》で卵《たまご》をだいて帰《かえ》り、けっしてマーサに持《も》たせようとはしませんでした。

とうもろこしのしまってある納屋《なや》、馬小屋《うまごや》、それに朝晩《あさばん》、牛乳《ぎゅうにゅう》をしぼる裏庭《うらにわ》も、マーサとわたしの大《だい》すきな遊《あそ》び場《ば》でした。

乳《ちち》しぼりの人《ひと》たちは、しぼっているあいだ、いつも牛《うし》にさわらせてくれました。そして、わたしは、よく牛《うし》にしっぽでたたかれてしまいました。

マーサも、わたしにおとらず、いたずらっ子《こ》でした。

ある7月《がつ》の暑《あつ》い午後《ごご》、ふたりの小《ちい》さな女《おんな》の子《こ》が、ベランダの階段《かいだん》に腰《こし》をかけていました。

ひとりは、黒檀《こくたん》のように黒《くろ》い顔《かお》。ちぢれ毛《げ》で、それをいたるところで、くつひもでたばねてむすんでありました。まるでそれは、コルクぬきをいくつもくっつけたようでした。

もうひとりは白人《はくじん》の子《こ》で、長《なが》い金色《きんいろ》のまき毛《げ》。

白《しろ》い子《こ》は六つ、もうひとりの黒《くろ》い子《こ》はそれよりふたつ、三つ年上《としうえ》。

年下《としした》の子《こ》は、目《め》の見《み》えないわたし。年上《としうえ》の子《こ》はマーサなのです。

ふたりはいそがしそうに、紙《かみ》で人形《にんぎょう》を切《き》りぬいていました。それにあきると、今度《こんど》は、くつひもを細《こま》かく切《き》りはじめました。

それにもあきると、手《て》のとどくところにあったすいかずらの葉《は》を、全部《ぜんぶ》切《き》りとってしまいました。

(さて、もうなにか切《き》るものはないかしら。)

そう考《かんが》えたわたしは、ふとマーサのコルクぬきのようなちぢれ毛《げ》を思《おも》いうかべました。マーサははじめいやがりました。でも、きかん気《き》のわたしのすることです。とうとう、わたしのするままになってしまいました。

すると今度《こんど》は、マーサが、

「わたしの番《ばん》ですよ。」

と、わたしの髪《かみ》を切《き》りはじめました。

「いやよ、いやよ。」

わたしは身《み》ぶりで言《い》いましたが、考《かんが》えてみると、不公平《ふこうへい》なことです。

「いいわ、切《き》ってちょうだい。」

わたしは頭《あたま》をさげて、マーサにしめしました。

マーサが、ザクリとひとつかき切《き》りました。

そこへ、おりよく母《はは》がやってきて、ふたりのしていることを見《み》つけてくれました。

「まあ、どうしたの、髪《かみ》を切《き》ったりして。」

もし母《はは》が見《み》つけてくれなかったら、わたしは丸《まる》ぼうずになってしまうところでした。


もうひとりのわたしの友《とも》だちベルは、わかいころには、猟犬《りょうけん》として、たいへんよくはたらいたということですが、このころはもうすっかり年《とし》をとって、わたしと遊《あそ》びまわるよりは、暖炉《だんろ》のそばでねそべっているほうがすきでした。

わたしはベルにも一生懸命《いっしょうけんめい》、わたしの言葉《ことば》——手《て》まねを教《おし》えようとしましたが、ベルはいっこうにおぼえようとしてくれませんでした。

わたしははらを立《た》て、ベルに打《う》ちかかっていくのですが、ベルは、まるでばかにしたように、ゆっくりひとつのびをし、鼻《はな》を鳴《な》らして、暖炉《だんろ》の反対側《はんたいがわ》へのそのそと行《い》って、またねそべってしまうのです。

わたしはがっかりして、またマーサをさがしにいくのでした。

わたしの家族《かぞく》

ある日《ひ》、わたしは自分《じぶん》のエプロンに水《みず》をこぼし、すっかりぬらしてしまいました。さっそく居間《いま》の暖炉《だんろ》でかわかそうと、エプロンを広《ひろ》げてあぶりはじめました。ところが、なかなかかわかないので、とうとうしまいに、ちろちろ火《ひ》のもえている真上《まうえ》にかざして、あぶりはじめました。

すると、とつぜんエプロンに火《ひ》がもえうつり、ほのおはすぐに、わたしの服《ふく》にももえうつりました。

さわぎを聞《き》きつけて、年《とし》よりの乳母《うば》ビニーがかけつけてくれ、頭《あたま》からすっぽりと毛《もう》布《ふ》をかぶせ、やっとのことで消《け》しとめてくれました。わたしはあぶなく窒息《ちっそく》するところでしたが、おかげで、髪《かみ》の毛《け》と両手《りょうて》にやけどをしただけで、あぶないところを助《たす》けられたのでした。

わたしが、鍵《かぎ》の使《つか》い方《かた》をおぼえたのも、そのころのことでした。

ある朝《あさ》、わたしは母《はは》を食料室《しょくりょうしつ》にとじこめ、外《そと》から鍵《かぎ》をかけてしまいました。あいにく、お手《て》つだいの人《ひと》たちは、みなはなれ家《や》にいたものですから、だれも気《き》のつく人《ひと》はいませんでした。母《はは》は3時間《じかん》も出《で》られずに、戸《と》をたたきつづけていました。わたしは外《そと》のポーチの階段《かいだん》に腰《こし》をかけ、母《はは》のたたく戸《と》の震動《しんどう》を感《かん》じながら、ただそれがうれしくて、くすくすくすくす、わらいつづけていたのでした。

この悪質《あくしつ》ないたずらぶりを見《み》て、父《ちち》も母《はは》も、できるだけ早《はや》く、なんとかわたしに教《きょう》育《いく》を受《う》けさせなければと、考《かんが》えたようです。

すこしあとの話《はなし》になりますが、わたしのサリバン先生《せんせい》が来《こ》られてまもなくのことでした。わたしは、まだ母《はは》をとじこめたときのおもしろさがわすれられなくて、先生《せんせい》をどこかの部屋《へや》にとじこめる機会《きかい》をうかがっていました。

するとあるとき、

「これをサリバン先生《せんせい》におわたししなさい。」

と、母《はは》がなにかをわたしにわたしました。先生《せんせい》はそのとき、2階《かい》においでになりました。わたしはそれを持《も》って2階《かい》にあがり、先生《せんせい》にわたすやいなや、ドアをバタンとしめ、外《そと》から鍵《かぎ》をかけてしまいました。おまけにその鍵《かぎ》を、洋服《ようふく》だんすの下《した》にかくしてしまったのです。

父《ちち》はいろいろわたしに白状《はくじょう》させようとしましたが、どうしてもわたしが白状《はくじょう》しないのを見《み》ると、とうとうはしごを持《も》ちだして、サリバン先生《せんせい》を2階《かい》の窓《まど》から助《たす》けだしました。

わたしはゆかいでなりませんでした。その鍵《かぎ》を出《だ》してきたのは、それから何《なん》か月《げつ》もたってからのことでした。

5歳《さい》のころ、わたしたちは、つるくさにおおわれた小《ちい》さな家《いえ》から、新《あたら》しい大《おお》きな家《いえ》にうつりました。

そのころの家族《かぞく》は、両親《りょうしん》のほかに、父《ちち》の先妻《せんさい》の子《こ》である兄《あに》ふたりと、あとから生《う》まれた妹《いもうと》のミルドレッドでした。父《ちち》についてのいちばん古《ふる》い記憶《きおく》は、うずたかく積《つ》まれた紙《かみ》の間《あいだ》を通《とお》ってそのそばに行《い》くと、父《ちち》はいつもひとりで、一枚《まい》の紙《かみ》を顔《かお》の前《まえ》に広《ひろ》げていたことです。

わたしは、それがなんなのか、まったくわかりませんでした。なんとかして、父《ちち》がなにをしているのかわかろうと思《おも》い、父《ちち》とおんなじかっこうをしてみたり、眼鏡《めがね》をかけるとわかるかもしれないと思《おも》って、父《ちち》の眼鏡《めがね》をかけてみたりしましたが、ふに落《お》ちませんでした。

ずっとあとになって、あのたくさんの紙《かみ》が新聞《しんぶん》であり、父《ちち》がその新聞《しんぶん》の編集《へんしゅう》をしていたことを知《し》って、はじめて、古《ふる》い記憶《きおく》に納得《なっとく》したことでした。

父《ちち》はたいへんやさしい人《ひと》でした。家庭《かてい》を大切《たいせつ》にして、狩《か》りの季節《きせつ》以外《いがい》には、めったに家《いえ》を空《あ》けるようなことはありませんでした。

父《ちち》は狩《か》りの名人《めいじん》で、鉄砲《てっぽう》にかけては有名《ゆうめい》だったそうです。ですから、父《ちち》の宝《たから》といえば、家族《かぞく》と、猟犬《りょうけん》と、鉄砲《てっぽう》でした。

また父《ちち》は、たいへんな客《きゃく》ずきで、それはもう欠点《けってん》といってよいほどでした。いったん外《そと》に出《で》かけると、ひとりで帰《かえ》ってくるということは、まあ、ありませんでした。いつもだれかをつれて帰《かえ》ってくるのです。そして、狩《か》りや鉄砲《てっぽう》の自慢《じまん》、それから広《ひろ》い菜《さい》園《えん》の自慢話《じまんばなし》をするのです。

なかでも、父《ちち》のつくるすいかといちごは、この地方《ちほう》でいつもいちばんりっぱだったということです。

そうして、りっぱに実《みの》ったくだものの初《はつ》なりを、父《ちち》はいつもわたしにくれました。父《ちち》につれられて、畑《はたけ》の木《き》から木《き》、つるからつるへと歩《ある》くときほど、楽《たの》しいときはありませんでした。父《ちち》は、これはなに、これはなにと説明《せつめい》しながら、わたしがほしがるものを、なんでもとってくれました。

父《ちち》は話《はなし》がじょうずでした。わたしが言葉《ことば》を知《し》ってからは、ひまさえあると、いつもおもしろいお話《はなし》を、じょうずにわたしの手《て》に指《ゆび》で話《はな》してくれました。わたしはそのお話《はなし》のひとつひとつを、みんなそらでおぼえていきました。ときどき父《ちち》は、その話《はなし》をわたしにくりかえさせました。父《ちち》はそれが、なによりの楽《たの》しみのようでした。

このやさしかった父《ちち》が亡《な》くなったのは、わたしが16歳《さい》のとき、1896年《ねん》のことです。

そのときわたしは、北部《ほくぶ》にあるケンブリッジ女学校《じょがっこう》に入学《にゅうがく》したばかりでした。父《ちち》の病気《びょうき》は短《みじか》く、苦《くる》しみは少《すく》なかったということです。

しかし、これはわたしにとって、はじめての大《おお》きな悲《かな》しみでした。

母《はは》について、わたしはなにを書《か》いていいかわかりません。母《はは》はいつも、わたしの心《こころ》のあまりにも近《ちか》くにいてくれましたので、とてもうまく話《はな》すことはできません。

わたしは、妹《いもうと》のことを、長《なが》いあいだ、じゃま者《もの》のように考《かんが》えていました。妹《いもうと》が生《う》まれたとき、もう、母《はは》がわたしひとりのものでなくなったことを知《し》って、わたしの心《こころ》はおだやかではありませんでした。妹《いもうと》は、わたしがすわっていた母《はは》のひざの上《うえ》を占《せん》領《りょう》し、母《はは》はいつも妹《いもうと》の世《せ》話《わ》ばかりしているように思《おも》えてなりませんでした。

そのころ、わたしがたいへんかわいがっている人形《にんぎょう》がありました。のちにその人形《にんぎょう》にナンシーと名《な》をつけましたが、ナンシーは、わたしに大切《たいせつ》にされればされるほど、ぼろぼろになっていきました。かわいそうに、わたしのかんしゃくと、愛情《あいじょう》の爆発《ばくはつ》の犠牲者《ぎせいしゃ》だったのです。

ものを言《い》ったり、泣《な》いたり、目《め》をつぶったり、開《ひら》いたりする人形《にんぎょう》も、いくつか持《も》っておりましたが、どれよりもわたしは、このみすぼらしいナンシーが大《だい》すきでした。ナンシーはゆりかごを持《も》っていました。わたしは、ナンシーをそのゆりかごに入《い》れて、1時間《じかん》でも2時間《じかん》でも、ゆすりつづけました。

ところが、ある日《ひ》、わたしの知《し》らないあいだに、妹《いもうと》がこのゆりかごの中《なか》でねむっているのを発見《はっけん》しました。

わたしはかっとなって、ゆりかごにとびつくなり、それをひっくりかえしてしまいました。運《うん》よく母《はは》がそれを見《み》ていて、落《お》ちかける赤《あか》んぼうをだきとめてくれましたからよかったものの、もしそうでなかったら、妹《いもうと》は死《し》んでいたかもしれません。

このように、目《め》と耳《みみ》をうばわれていたわたしは、やさしい言葉《ことば》や、なんでもないちょっとしたしぐさからしぜんに生《う》まれてくる愛情《あいじょう》というものを、ほとんど知《し》ることができなかったのです。

けれども、のちになって、言葉《ことば》というものをあたえられてからは、たとえ、妹《いもうと》がわたしの指《ゆび》で話《はな》す言葉《ことば》を理解《りかい》しなくても、わたしもまた、妹《いもうと》の片言《かたこと》がわからなくても、ふたりはいつも手《て》をつなぎ、どこへでもいっしょに出《で》かけるようになりました。

ボルチモアへの楽《たの》しい旅《たび》

しかし、年《とし》とともにわたしは、だんだん、自分《じぶん》の思《おも》うことを、もっともっとたくさん人《ひと》につたえたいとねがうようになっていきました。

わずかなわたしの手《て》まねや身《み》ぶりでは、じゅうぶんにわかってもらえないことがふえてきたのです。わたしはもどかしくて、すぐにかんしゃくを起《お》こしてしまいました。

これほどなさけない気持《きも》ちはありませんでした。それは、なにか目《め》に見《み》えない力《ちから》が、わたしをじっとおさえているような、いたたまれない気持《きも》ちです。わたしはその力《ちから》をはらいのけようと、必死《ひっし》にもがきました。

そんなとき、母《はは》がそばにいてくれると、わたしは母《はは》の両腕《りょううで》の中《なか》で、力《ちから》いっぱいあばれ、しまいには力《ちから》つきて、泣《な》きくずれてしまうのです。そのときのみじめな気持《きも》ちったらありません。

そんなかんしゃくを、毎日毎日《まいにちまいにち》、毎時間毎時間《まいじかんまいじかん》起《お》こしつづけるようになりました。

父《ちち》も母《はは》も、これにはほとほとこまりぬいたようでした。しかし、わたしたちの住《す》む近《ちか》くには、盲学校《もうがっこう》も、ろう学校《がっこう》もありません。かといって、タスカンビアのような、こんなへんぴなところへ、耳《みみ》が聞《き》こえなくて目《め》が見《み》えない子《こ》を教《おし》えにきてくれるものずきな人《ひと》も、見《み》つかりそうにありませんでした。

それに、だいいち、かんしゃくを起《お》こしたが最後《さいご》、まるでけもののようにあばれまわるわたしを、はたして教《おし》えることができるかどうか、友《とも》だちや親類《しんるい》の者《もの》は、それを心配《しんぱい》していました。

しかし母《はは》は、イギリスの小説家《しょうせつか》ディケンズ〔3〕の書《か》いた『アメリカ紀行《きこう》』という本《ほん》を読《よ》んでいました。その『アメリカ紀行《きこう》』の中《なか》に、ローラ・ブリッジマンという人《ひと》のことが書《か》いてあったことを、母《はは》はおぼえていました。その人《ひと》は、わたしと同《おな》じように、おさないときに病気《びょうき》になり、視覚《しかく》、聴覚《ちょうかく》、そして嗅覚《きゅうかく》までもうしなったのです

〔3〕1812〜1870年《ねん》。ユーモアと温《あたた》かみのある文章《ぶんしょう》で、おもに身分《みぶん》がひくい人《ひと》びとの生活《せいかつ》をえがいた。代表作《だいひょうさく》に『オリバー・ツイスト』『クリスマス・キャロル』『二都物語《にともものがたり》』などがある。

が、ハウ博士《はくし》という方《かた》の教育《きょういく》を受《う》けて、のちにはりっぱに洋裁《ようさい》で身《み》を立《た》てた人《ひと》でした。

母《はは》は、そのハウ博士《はくし》にみていただいたらと、ずいぶん希望《きぼう》をいだいていたのですが、よく調《しら》べると、博士《はくし》はもう、この世《よ》にいらっしゃらなかったのです。

わたしが6歳《さい》になったとき、父《ちち》はメリーランド州《しゅう》のボルチモアというところに、すぐれた眼科《がんか》のお医者《いしゃ》さんがいるという話《はなし》を聞《き》いてきました。その方《かた》は、もう望《のぞ》みがないと言《い》われた病人《びょうにん》を、幾人《いくにん》もなおしたということでした。

両親《りょうしん》は、せめてわたしの目《め》だけでも、どうにかならないものかと、さっそくわたしをボルチモアにつれていくことにしました。

その旅《たび》の楽《たの》しかったことは、いまもわすれません。汽車《きしゃ》の中《なか》で、わたしは、いろんな人《ひと》と友《とも》だちになりました。

ある婦人《ふじん》は、きれいな貝《かい》がらの入《はい》った箱《はこ》を、わたしにくださいました。父《ちち》はその貝《かい》がらのひとつひとつに穴《あな》を空《あ》けて、糸《いと》を通《とお》せるようにしてくれました。わたしは長《なが》いこと、あきずにその貝《かい》がらで遊《あそ》びつづけました。

車掌《しゃしょう》さんも、とても親切《しんせつ》な人《ひと》でした。わたしは車掌《しゃしょう》さんにくっついて、車内《しゃない》を回《まわ》りました。車掌《しゃしょう》さんが切符《きっぷ》を集《あつ》めたり、パチンとはさみを入《い》れたりするのを、上着《うわぎ》のすそにしっかりつかまって、待《ま》っていました。しまいには、車掌《しゃしょう》さんはそのはさみをわたしにかしてくれました。わたしは座席《ざせき》のすみっこで、幾時間《いくじかん》も紙切《かみき》れにパチンパチンと穴《あな》を空《あ》けて、ひとりで遊《あそ》びました。

この旅行《りょこう》には、おばもついていってくれたのですが、おばはわたしに、タオルで大《おお》きな人形《にんぎょう》をつくってくれました。

このにわかづくりの人形《にんぎょう》には、鼻《はな》も、口《くち》も、目《め》も、耳《みみ》もありませんでした。わたしには、その人形《にんぎょう》に目《め》がないことが、とても気《き》になりました。みんなにしつこくそれをうったえましたが、だれもそのタオルの人形《にんぎょう》に、目《め》をつけることはできません。

ところが、とつぜんわたしは、いいことを思《おも》いつきました。わたしは、おばがいつもビーズのついた肩《かた》かけを持《も》っていることに気《き》がついたのです。わたしは、おばの荷《に》物《もつ》の中《なか》をかきまわし、その肩《かた》かけをさがしだしました。さっそく、その肩《かた》かけから2個《こ》の大《おお》きなビーズを引《ひ》きぬいて、それをおばにさしだしました。

「これを人形《にんぎょう》に縫《ぬ》いつけてちょうだい。」

わたしはおばに、一生懸命合図《いっしょうけんめいあいず》をしました。おばははじめ、わたしがなにをしてくれと言《い》っているのか、ちょっとわからないようすでしたが、

「わかったわ。このビーズを、お人形《にんぎょう》さんの目《め》にしてほしいというのね。」

と言《い》うように、わたしの手《て》をとって、目《め》に当《あ》ててくれました。わたしは、「そうだ、そうだ。」と、一生懸命《いっしょうけんめい》にうなずいてみせました。

おばはさっそく、タオルの人形《にんぎょう》に、ふたつのビーズ玉《だま》の目《め》をつけてくれました。わたしはそれを指《ゆび》でたしかめると、とびあがってよろこびました。

でも、ちゃんと目《め》がついてしまうと、どうしてか、わたしはもう、その人形《にんぎょう》に興味《きょうみ》がなくなってしまいました。

この長《なが》い旅《たび》のあいだ中《じゅう》、わたしは考《かんが》えたり、手《て》を動《うご》かしたりすることがいっぱい

あって、一度《いちど》もかんしゃくを起《お》こさずにすみました。

希望《きぼう》の光《ひかり》

ボルチモアへ着《つ》くと、チザム博士《はくし》が、親切《しんせつ》にむかえてくださいました。この方《かた》が、父《ちち》の聞《き》いていた眼科《がんか》の名医《めいい》だったのです。

しかし、さすがの名医《めいい》も、わたしの目《め》をどうすることもできませんでした。けれども博士《はくし》は、わたしを教育《きょういく》することはできるから、ワシントンにおられるアレキサンダー・グラハム・ベル博士《はくし》に相談《そうだん》するよう、父《ちち》に教《おし》えてくださいました。

ベル博士《はくし》は、もちろん電話《でんわ》の発明家《はつめいか》として有名《ゆうめい》ですが、目《め》の見《み》えない人《ひと》や、口《くち》のきけない人《ひと》の話《はな》し方《かた》についても、いろいろ研究《けんきゅう》なさっている方《かた》です。

「博士《はくし》にご相談《そうだん》になれば、目《め》が見《み》えない子《こ》や耳《みみ》の聞《き》こえない子《こ》どもが行《い》く学校《がっこう》や、先生《せんせい》についても、きっといろいろ教《おし》えてくださるでしょう。」

チザム博士《はくし》は、父《ちち》にそう言《い》ってくださったのです。

わたしたちはそのお言葉《ことば》に力《ちから》を得《え》て、そのまますぐに、ワシントンに向《む》かいました。

父《ちち》は、わたしの目《め》がもうなおらないと言《い》われ、すっかりふさぎこんでいました。それに、はたしてベル博士《はくし》が、自分《じぶん》たちのことなど心配《しんぱい》してくださるだろうかと、もう不安《ふあん》がつのるばかりのようすでした。でもわたしは、父《ちち》のそんな苦《くる》しみなど夢《ゆめ》にも知《し》らず、ただ、また汽車《きしゃ》に乗《の》って旅行《りょこう》がつづけられるというので、有頂天《うちょうてん》になっていました。

ベル博士《はくし》も、それはやさしい方《かた》でした。わたしは、だれよりも先《さき》に、それがわかりました。

博士《はくし》は、わたしをひざの上《うえ》にだきあげてくださいました。わたしが博士《はくし》の時計《とけい》をいじくっていますと、博士《はくし》はすぐに、その時計《とけい》を鳴《な》らしてみせてくださいました。

それに、なによりもうれしかったことは、わたしの手《て》まねの言葉《ことば》をわかってくださることでした。

わたしはいっぺんにベル博士《はくし》が大《だい》すきになりました。この博士《はくし》とのめぐりあいこそ、わたしが、闇《やみ》から光《ひかり》の世界《せかい》へ、孤独《こどく》から愛《あい》の世界《せかい》へ入《はい》ることができたとびらとなったのです。もちろんそのときには、そんなことを夢《ゆめ》にも思《おも》っておりませんでしたけれども。

ベル博士《はくし》は父《ちち》に、あのディケンズが『アメリカ紀行《きこう》』に書《か》いた、ハウ博士《はくし》のつくられたパーキンス盲学校《もうがっこう》のことを話《はな》してくださいました。そしていま、ハウ博士《はくし》のあとをついで、その盲学校《もうがっこう》の校長《こうちょう》をしているアナグノスという方《かた》に手紙《てがみ》を書《か》き、わたしを教《おし》えることのできる先生《せんせい》がおられるかどうか、問《と》いあわせるようにと言《い》ってくださいました。

父《ちち》はベル博士《はくし》のお言葉《ことば》にしたがって、さっそく、アナグノス校長《こうちょう》に手紙《てがみ》を出《だ》しました。すると、半月《はんつき》ほどして、返事《へんじ》をちょうだいしました。

適当《てきとう》な先生《せんせい》が見《み》つかったという、親切《しんせつ》なうれしい知《し》らせでした。

これが1886年《ねん》の夏《なつ》のことです。そして、サリバン先生《せんせい》がわたしのところへ来《き》てくださったのは、あくる年《とし》の3月《がつ》になってからのことでした。

こうしてわたしは、あの旧約聖書《きゅうやくせいしょ》にある、イスラエルの民《たみ》をみちびいてエジプトをぬけだしたモーセが、シナイ山《ざん》で神《かみ》の霊《れい》にふれたように、「知識《ちしき》は愛《あい》であり、光《ひかり》であり、望《のぞ》みである。」という神《かみ》の声《こえ》を聞《き》くことができたのでした。

サリバン先生《せんせい》

それはわたしの生涯《しょうがい》にとって、わすれることのできない、もっとも大切《たいせつ》な日《ひ》でした。1887年《ねん》3月3日《がつみっか》、あと3か月《げつ》で、わたしは7歳《さい》になろうとしていました。その日《ひ》、わたしの先生《せんせい》、アン・マンズフィールド・サリバン先生《せんせい》が来《こ》られたのです。

その日《ひ》の午後《ごご》、わたしは待《ま》ちどおしくて、玄関《げんかん》にひとりでじっと立《た》ちつづけていました。家《いえ》の人《ひと》たちは、朝《あさ》からあわただしく動《うご》きまわっていました。母《はは》は手《て》まねで、わたしの先生《せんせい》がおいでになることは教《おし》えてくれていたのですが、先生《せんせい》がおいでになったからといって、どんなことが起《お》こるのか、わたしには想像《そうぞう》することはできませんでした。この何週間《なんしゅうかん》、わたしは例《れい》のかんしゃくをひっきりなしに起《お》こしつづけて、すっかりつかれきっていたのです。

みなさんは、海《うみ》で、濃《こ》い霧《きり》にとざされたことがおありでしょうか。白《しろ》い闇《やみ》にとじこめられ、方角《ほうがく》も、港《みなと》がどこにあるのかもわからない船《ふね》が、なまりの重《おも》りを海《うみ》に投《な》げては深《ふか》さを測《はか》り、手《て》さぐりで進《すす》んでいく、あのときの不安《ふあん》な気持《きも》ちを、ごぞんじでしょうか。

先生《せんせい》の教育《きょういく》が始《はじ》まるまえのわたしは、まるでその船《ふね》のようなものでした。わたしには、羅針盤《らしんばん》も、深《ふか》さを測《はか》るなまりもなく、どこに港《みなと》があるかもわかりようがありません。ただ、

「光《ひかり》を、光《ひかり》をください。」

と、声《こえ》にならないさけびをあげつづけていたのでした。

しかし、そのときすでに、光《ひかり》はわたしの上《うえ》に注《そそ》がれていたのです。

わたしは、近《ちか》づく足音《あしおと》を感《かん》じました。母《はは》だと思《おも》って、手《て》をさしのべました。

だれかがその手《て》をとり、だきあげ、胸《むね》の中《なか》に、強《つよ》くだきしめてくれました。

その方《かた》こそ、わたしの心《こころ》の目《め》を開《ひら》くために、わたしを愛《あい》するために来《き》てくださった先生《せんせい》だったのです。


あくる朝《あさ》、先生《せんせい》はわたしを、ご自分《じぶん》の部屋《へや》におつれになって、ひとつの人形《にんぎょう》をくださいました。

あとで知《し》ったことですが、それは、あのパーキンス盲学校《もうがっこう》の、目《め》の見《み》えない子《こ》どもたちからのおくりものでした。それに、その人形《にんぎょう》は、ハウ博士《はくし》の教《おし》えを受《う》けてりっぱな洋裁師《ようさいし》になられたという、ローラ・ブリッジマンさんがこしらえた服《ふく》を着《き》ていました。

わたしがしばらくその人形《にんぎょう》で遊《あそ》んでいますと、サリバン先生《せんせい》は、そっとわたしの手《て》をとって、てのひらに、「D《ディー》、O《オー》、L《エル》、L《エル》（ドール――人形《にんぎょう》のこと）」という字《じ》を、ゆっくり指文字《ゆびもじ》でつづってくださいました。［4］

もちろんわたしは、それが言葉《ことば》を表《あらわ》すために使《つか》われる文字《もじ》というものだとは知《し》りませんでした。

でも、この指《ゆび》の遊《あそ》びがおもしろくて、まねをしているうちに、とうとう自分《じぶん》でも、それができるようになりました。

わたしはすっかりうれしくなって、2階《かい》からかけおり、母《はは》のところへ行《い》って、母《はは》のてのひらに、さっそく「人形《にんぎょう》」という字《じ》をつづってみせました。

つづいてわたしは、「ピン」「帽子《ぼうし》」「カップ」、それから「すわる」「立《た》つ」「歩《ある》く」などという言葉《ことば》を教《おそ》わりました。しかし、それもやはり、ただ先生《せんせい》のなさることをまねするだけの遊《あそ》びで、それがなんの意味《いみ》だかも、言葉《ことば》というものだということも、ぜんぜん知《し》らなかったのです。だいいち、すべてのものに名前《なまえ》があるということすら知《し》りませんでした。

ある日《ひ》、わたしが新《あたら》しい陶器《とうき》の人形《にんぎょう》で遊《あそ》んでいますと、サリバン先生《せんせい》は、べつの古《ふる》い布《ぬの》でできた人形《にんぎょう》をわたしのひざにのせ、また、「DOLL《ドール》」と、つづってくださいました。

わたしが持《も》っていた陶器《とうき》の人形《にんぎょう》も、先生《せんせい》がいまくださった布《ぬの》の人形《にんぎょう》も、同《おな》じ「DOLL《ドール》」だということを、わからせようとされたのです。

その前日《ぜんじつ》にも、「水《みず》」と「マグカップ」という言葉《ことば》で、たいへん苦労《くろう》しました。わたしには、「水《みず》」と、「水《みず》を飲《の》むもの」との区別《くべつ》が、どうしてもわかりませんでした。

そして先生《せんせい》は、今度《こんど》は人形《にんぎょう》で、ものに名前《なまえ》のあることを教《おし》えようとなさったのです。

[4] サリバン先生《せんせい》はヘレンに文字《もじ》を教《おし》えるとき、指文字《ゆびもじ》を使《つか》った。指文字《ゆびもじ》はてのひらにアルファベットを書《か》くのではなく、手《て》の指《ゆび》のおり方《かた》や動《うご》かし方《かた》によって、アルファベットを一字一字《いちじいちじ》表《あらわ》す。

しかしわたしは、わからないことを毎日何度《まいにちなんど》もくりかえされるので、すっかりいらいらしていました。新《あたら》しい陶器《とうき》の人形《にんぎょう》をつかむなり、床《ゆか》に投《な》げつけてしまいました。

こなごなにくだけた人形《にんぎょう》を足先《あしさき》に感《かん》じると、わたしは痛快《つうかい》になりました。わたしはまだ人形《にんぎょう》をかわいがることを知《し》らなかったのです。くだけちった人形《にんぎょう》を、先生《せんせい》が暖炉《だんろ》のわきにはきよせていらっしゃるのを知《し》ると、なんだかせいせいした気持《きも》ちでした。

やがて先生《せんせい》は、わたしの帽子《ぼうし》を持《も》ってきてくださいました。

(あっ、日《ひ》なたに出《で》かけるんだな。)

と思《おも》うと、わたしはもう、とびあがってよろこんでいました。

わたしたちは、すいかずらのあまいにおいにさそわれて、すいかずらがからまった、井戸《いど》のある小屋《こや》に行《い》きました。だれかが水《みず》をくんでいました。先生《せんせい》は、わたしの手《て》をとってさしだし、ポンプからあふれでるつめたい水《みず》にさわらせました。そして、もういっぽうのわたしの手《て》をとって、そのてのひらに、はじめはゆっくりと、だんだん速《はや》く、「W《ダブリュー》、A《エー》、T《ティー》、E《イー》、R《アール》(ウォーター——水《みず》のこと)」という字《じ》を、何回《なんかい》もつづ

られました。

わたしは、いっぽうの手《て》でつめたい水《みず》を感《かん》じながら、もういっぽうのてのひらの、先生《せんせい》の指《ゆび》の動《うご》きに、じっと全身《ぜんしん》の注意《ちゅうい》を注《そそ》いでいました。とつぜん、わたしは、なにかしらわすれているものを思《おも》いだすような、なんともいえない不思議《ふしぎ》な気持《きも》ちになりました。こうして、わたしははじめて、手《て》にかかるつめたいさわやかなものが「水《みず》」というものだということを知《し》りました。

はじめて、言葉《ことば》というものを知《し》ったのです。わたしをじっとおさえていた、あの目《め》に見《み》えない力《ちから》がとりのぞかれ、暗《くら》いわたしの心《こころ》の中《なか》に、光《ひかり》がさしてくるのがわかりました。

井戸《いど》をはなれたわたしは、手《て》にふれるものの名前《なまえ》を、かたっぱしから先生《せんせい》にたずねました。もっともっと、すべてのものの名前《なまえ》を知《し》りたい一心《いっしん》でした。手《て》にふれるものなんでもが、新鮮《しんせん》に、いきいきと感《かん》じられました。

家《いえ》にもどると、ふと、先《さき》ほど床《ゆか》に投《な》げつけてこわした人形《にんぎょう》のことを思《おも》いだしました。そっと手《て》さぐりで暖炉《だんろ》のそばへ行《い》くと、そのかけらをひろいあつめました。それをつぎあわせようとしましたが、だめでした。

目《め》になみだがいっぱいたまりました。自分《じぶん》がどんなひどいことをしたか、わかったからです。そしてはじめて、ほんとうに悲《かな》しくなりました。

その日《ひ》は、たくさんの言葉《ことば》を学《まな》びました。「父《ちち》」「母《はは》」「妹《いもうと》」「先生《せんせい》」など、いろんな言葉《ことば》をおぼえればおぼえるほど、この世《よ》の中《なか》が、明《あか》るく楽《たの》しくなってくるようでした。

その晩《ばん》、わたしはベッドに入《はい》ってからも、今日《きょう》はじめて知《し》った喜《よろこ》びを、ひとつひとつ、もう一度《いちど》思《おも》いおこしていました。この世《よ》の中《なか》に、自分《じぶん》ほど幸《しあわ》せな子《こ》どもはいないにちがいないと思《おも》いました。そして、明日《あした》が待《ま》ちどおしくなりました。

木《き》登《のぼ》り

来《く》る日《ひ》も来《く》る日《ひ》も、わたしは毎日《まいにち》、ありとあらゆるものに手《て》をふれては、そのものの名《な》をおぼえつづけました。名前《なまえ》をおぼえ、その使《つか》い方《かた》をおぼえるにしたがって、自《じ》分《ぶん》がこの世《よ》に生《い》きていることが、楽《たの》しくてならなくなりました。

ひなぎくやきんぽうげがさくころになると、サリバン先生《せんせい》は、わたしの手《て》をとって、よく野《の》原《はら》につれだしてくださいました。

そこでは農家《のうか》の人《ひと》が、種《たね》まきの準備《じゅんび》をしていました。そんな畑《はたけ》を横《よこ》切《ぎ》って、テネシー川《がわ》の土手《どて》にのぼると、先生《せんせい》は、温《あたた》かい草《くさ》の上《うえ》にわたしをすわらせ、太陽《たいよう》や雨《あめ》のことを教《おし》えてくださいました。

また、小鳥《ことり》たちがどうして巣《す》をつくり、そのひなを育《そだ》てるかということ、りすや、鹿《しか》、ライオンが、なにを食《た》べ、どんなところにすんでいるかということを、教《おし》えてくださいました。

先生《せんせい》は、算数《さんすう》の足《た》し算《ざん》や引《ひ》き算《ざん》や、地球《ちきゅう》の形《かたち》をかくことを教《おし》えるまえに、まず手《て》にふれる草《くさ》や木《こ》の葉《は》、まだ赤《あか》んぼうの妹《いもうと》の手《て》のかわいらしいくぼみなどの美《うつく》しさを教《おし》えてくださったのです。そしてわたしは、小鳥《ことり》も花《はな》もみんな、わたしの楽《たの》しい友《とも》だちだということを知《し》ったのでした。

けれども、そのころ、自然《しぜん》はただいつもやさしいばかりではないことも知《し》りました。

ある日《ひ》、先生《せんせい》といっしょに、いつもより長《なが》い散歩《さんぽ》に出《で》かけました。朝《あさ》のうちはとてもよいお天気《てんき》でしたのに、帰《かえ》るころになると、なんだかあたりがむしむしと、暑《あつ》くなってきました。わたしたちはあせをかいて、何度《なんど》も木《こ》かげで休《やす》み休《やす》み帰《かえ》りました。最後《さいご》に休《やす》んだのは、家《いえ》からさほど遠《とお》くない桜《さくら》の木《き》の下《した》でした。その木《き》はひくいところから枝《えだ》が分《わ》かれていて、とても登《のぼ》りやすい木《き》でした。わたしは先生《せんせい》に助《たす》けられ、その木《き》に登《のぼ》って休《やす》みました。

木《き》の上《うえ》はとてもすずしく、先生《せんせい》は、ここでお昼《ひる》ごはんを食《た》べることにしましょうとおっしゃって、わたしを木《き》の上《うえ》においたまま、家《いえ》までおべんとうをとりに帰《かえ》られました。

「ここでじっとしてるのですよ。わかったわね。」

と言《い》うように、先生《せんせい》は何度《なんど》もわたしの体《からだ》をおさえてから、家《いえ》のほうへかけだしていらっしゃいました。

ひとりになってまもなくのことです。あたりが急《きゅう》に暗《くら》くなってきました。太陽《たいよう》の温《あたた》かみがなくなったので、わたしにもそれはわかったのです。下《した》から土《つち》のにおいがわきあがってきました。

わたしは、それがかみなりのまえぶれのにおいだということを知《し》っていました。地《じ》面《めん》からはなれて、たったひとりでいることがおそろしくなりました。わたしは下《した》におりたいと思《おも》いましたが、ひとりではどうすることもできません。そのうちに、しばらく不気味《ぶきみ》な静《しず》けさがつづいたかと思《おも》うと、今度《こんど》は木《こ》の葉《は》がはげしくふるえながら、手《て》足《あし》にさわりはじめました。風《かぜ》がふきはじめたのです。そのうちに、わたしがかけている太《ふと》い枝《えだ》まで、まるで船《ふね》にゆられているようにゆれはじめました。

風《かぜ》は強《つよ》まるいっぽうでした。しまいには、ふりおとされるのではないかと思《おも》うほど、はげしくゆれ、小枝《こえだ》や木《こ》の葉《は》がふきちぎられて、雨《あめ》のようにわたしの顔《かお》にふりかかってきました。

（いっそのこと、とびおりてしまおうかしら……。）

でも、それもこわくてできません。ときどき、なにか重《おも》いものがたおれるような振《しん》動《どう》がつたわってきました。

（あっ、木《き》といっしょにたおれるのだわ。）

わたしは、必死《ひっし》で木《き》にしがみつきました。

そのとき、先生《せんせい》がわたしをだきおろしてくださいました。足《あし》が土《つち》についたときのうれしさは、なんともいえませんでした。わたしはわれをわすれて、先生《せんせい》にしがみつきました。

自然《しぜん》がいったんおこりだすと、どんなにおそろしいかということを、わたしははじめて知《し》りました。

こんなことがあってから、わたしは長《なが》いあいだ、木登《きのぼ》りはしませんでした。考《かんが》えるだけでもこわかったのです。

でも、もう一度《いちど》、わたしを木《き》の上《うえ》にさそってくれたのも、やはり自然《しぜん》でした。もうだいぶ本《ほん》も読《よ》めるようになってからのことです。

ある美《うつく》しい、春《はる》の朝《あさ》のことでした。わたしはひとりで本《ほん》を読《よ》んでいました。すると、どこからともなく、あまいかおりが流《なが》れてきました。それはまるで、春《はる》の女神《めがみ》が通《とお》りすぎたのではないかと思《おも》われるような感《かん》じでした。

わたしは思《おも》わず立《た》ちあがって、手《て》をさしのべました。そして、すぐに、それがミモザの花《はな》のかおりであることがわかりました。

その木《き》が、垣根《かきね》のそばの道《みち》の角《かど》にあることを知《し》っていました。わたしは手《て》さぐりでそこへ行《い》きました。やはりそうでした。

ミモザは花《はな》をいっぱいつけて、地面《じめん》にさわるほど、たれさがっていました。わたしは、その太《ふと》い幹《みき》をさぐると、もうじっとしていられなくて、登《のぼ》りはじめました。わたしは、かおりのよい花《はな》にうずまって、自分《じぶん》がまるで、ばら色《いろ》の雲《くも》に乗《の》った妖精《ようせい》にでもなったような気持《きも》ちでした。

「愛《あい》」という言葉《ことば》

耳《みみ》の聞《き》こえる子《こ》どもは、人《ひと》の話《はなし》を聞《き》いて、いつのまにかしらずしらずに言葉《ことば》をおぼえます。人《ひと》の口《くち》からこぼれる言葉《ことば》を、地面《じめん》に落《お》ちない先《さき》につかまえるのですが、耳《みみ》の聞《き》こえない子《こ》どもは、人《ひと》の口《くち》からこぼれる言葉《ことば》を、わなをしかけ、面倒《めんどう》なやり方《かた》でとらえなければならないのです。

それも、まだ目《め》が見《み》えるなら、相手《あいて》の口《くち》の動《うご》きを見《み》て、いま言葉《ことば》がこぼれているのだなと、すぐにわかるので、すぐにそれをひろうことができます。目《め》も見《み》えないわたしにとって、それはたいへんな仕事《しごと》でした。

しかし、ものの名前《なまえ》をおぼえることから、一歩《いっぽ》一歩《いっぽ》ゆっくり進《すす》んで、しまいには、シェークスピア［5］のしばいを読《よ》めるまでになりました。それはほんとうに、はるかなはるかな道《みち》のりでした。われながら、よくたどりついたものだと思《おも》います。

はじめのうちは、先生《せんせい》が新《あたら》しいことを教《おし》えてくださっても、あまり質問《しつもん》しませんでした。

いいえ、質問《しつもん》しようにも、できなかったといったほうがいいかもしれません。けれども、言葉《ことば》の数《かず》もふえ、いくらか知識《ちしき》も広《ひろ》まっていくにしたがって、かえってわからないことがだんだんふえていきました。わたしはときどき、先生《せんせい》に質問《しつもん》するようになりました。

ある朝《あさ》のことです。

わたしは、庭《にわ》にすみれの花《はな》がさいているのを見《み》つけました。その春《はる》はじめて見《み》つけたすみれでした。

(そうだ、サリバン先生《せんせい》にあげよう。)

とっさにそう思《おも》って、わたしはそれをつみとりました。

そして、先生《せんせい》のところへ持《も》っていきました。

すると先生《せんせい》は、とてもよろこんでくださって、わたしにほおずりをなさろうとしました。

でも、わたしはそのころ、母以外《ははいがい》の人《ひと》から、ほおずりされるのはすきではありませんでした。わたしは顔《かお》をそむけたのです。

すると先生《せんせい》は、わたしを静《しず》かにだいて、

「わたしは、ヘレンを、愛《あい》していますよ。」

[5] 1564～1616年《ねん》。イギリスの劇作家《げきさっか》、詩人《しじん》。『ハムレット』『オセロ』『ロミオとジュリエット』など、数々《かずかず》の名作《めいさく》を発表《はっぴょう》し、後《のち》の世《よ》の文学《ぶんがく》にも大《おお》きな影響《えいきょう》をのこした。

と、指《ゆび》で話《はな》してくださいました。

「『愛《あい》』ってなんですか。」

わたしはたずねました。先生《せんせい》は、

「それはここにありますよ。」

と言《い》うように、わたしの胸《むね》を指《ゆび》さしておっしゃいました。そのときはじめて、わたしは、心臓《しんぞう》の鼓動《こどう》に気《き》がつきました。

でも、わたしはそれまで、手《て》でふれることのできるもののほかは知《し》らなかったのですから、先生《せんせい》のおっしゃることは、どうしてもわかりませんでした。

わたしは先生《せんせい》が手《て》にしているすみれのにおいをかいでから、半分《はんぶん》は言葉《ことば》で、半分《はんぶん》は手《て》まねで、

「愛《あい》って、このあまい花《はな》のかおりのことですか。」

とたずねました。

「いいえ。」

そこで、またわたしはしばらく考《かんが》えました。わたしたちの上《うえ》に、あたたかい太陽《たいよう》がかがやいていました。わたしはそのあたたかさの来《く》る方向《ほうこう》を指《ゆび》さして、

「これが愛《あい》ではないのですか。」

とたずねました。すべてのものをあたため、成長《せいちょう》させる太陽《たいよう》ほど、美《うつく》しいものはないように思《おも》えたからです。

しかしサリバン先生《せんせい》は、やはり首《くび》を横《よこ》におふりになりました。

わたしはとまどってしまいました。これがミモザ、これがすいかずら……というように、先生《せんせい》はこれまで、何度《なんど》もわたしの手《て》にふれさせて教《おし》えてくださいました。それなのに、なぜ先生《せんせい》は、「愛《あい》」を見《み》せてくださらないのでしょう。わたしは不思議《ふしぎ》でなりませんでした。

それから1日《にち》、2日《ふつか》たってからのことです。わたしは、大《おお》きさのちがうビーズ玉《だま》を糸《いと》に通《とお》すことを教《おし》えてもらっていました。大《おお》きいのをふたつ通《とお》すと、次《つぎ》に小《ちい》さいのを3つ、というふうに、つりあいのよいように通《とお》していくのです。いくらやっても、わ

たしはすぐにまちがえました。そのたびに、先生《せんせい》はわたしのまちがいを、根気《こんき》よく、親切《しんせつ》に教《おし》えてくださいました。

それでもまだ、わたしはまちがえてしまいました。

(どうしたらいいのかしら。)

わたしはしばらく手《て》を休《やす》めて、考《かんが》えこんでいました。

すると、サリバン先生《せんせい》は、わたしの額《ひたい》に、指《ゆび》で、「考《かんが》える」と、つづられました。

わたしは、はっとしました。いま自分《じぶん》の頭《あたま》の中《なか》に起《お》こっている不思議《ふしぎ》なはたらき、それが「考《かんが》える」ということなのだなと、はじめて気《き》がついたのです。手《て》にさわることのできないもの、形《かたち》で言《い》うことのできないものにも、名前《なまえ》があるのだということが、はじめてわかったのです。長《なが》いこと、わたしはじっとしていました。ひざの上《うえ》のビーズのことを考《かんが》えていたのではありません。

(あの「愛《あい》」というものも、この「考《かんが》える」と同《おな》じような、形《かたち》のない、手《て》にふれることのできないものではないかしら。)

わたしは、そんなことを考《かんが》えていたのでした。

その日《ひ》は朝《あさ》から、空《そら》はどんよりとくもって、ときどき雨《あめ》さえふっていました。ところが、そのとき、急《きゅう》に南国《なんごく》のかがやかしい太陽《たいよう》が、ぱっとさしこんできたようでした。

わたしはもう一度《いちど》、先生《せんせい》にうかがってみました。

「これが『愛《あい》』ではないのですか。」

すると、先生《せんせい》はちょっと考《かんが》えるようにしてから、

「そうね、『愛《あい》』というのは、太陽《たいよう》が出《で》てくるまえに、空《そら》にあった雲《くも》のようなものよ。」

わたしには、いっそうわからなくなりました。すると、先生《せんせい》はすぐに、もっとやさしい言葉《ことば》で、つづけてくださいました。

「雲《くも》は、さわることはできないでしょう。でも、雨《あめ》は感《かん》じますね。そして、雨《あめ》がふると、草木《くさき》や、かわいた土《つち》が、どんなによろこぶかも、ヘレンは知《し》っているでしょう。

『愛《あい》』もさわることはできないの。でも、その『愛《あい》』が、すべてのものに注《そそ》がれるとき、そのやさしい喜《よろこ》びは、感《かん》じることができるものよ。『愛《あい》』がなければ、幸《しあわ》せもないし、きっと、遊《あそ》びたくもなくなってしまうわ……。」

先生《せんせい》のおっしゃることが、はじめてよくわかりました。わたしは、自分《じぶん》の心《こころ》とほかの人《ひと》びとの心《こころ》との間《あいだ》に、目《め》に見《み》えない、さわることのできない、美《うつく》しい糸《いと》がむすばれていることがわかったのです。

わたしの勉強《べんきょう》

わたしがふたつ、三つの言葉《ことば》をつづれるようになると、サリバン先生《せんせい》はさっそく、文字《もじ》をうきぼりに印刷《いんさつ》した、細長《ほそなが》い厚紙《あつがみ》をくださいました。それは、ものの名《な》や、はたらきや、性質《せいしつ》を表《あらわ》した単語《たんご》でした。それをならべて、短《みじか》い文章《ぶんしょう》がつくれるようになっているわくも、いっしょにいただきました。

わたしは、わくの中《なか》に文字《もじ》を入《い》れて文章《ぶんしょう》をつくるまえに、まず実物《じつぶつ》で文章《ぶんしょう》をつくりました。

たとえば、「人形《にんぎょう》」「あります」「ベッド」「の上《うえ》に」という紙《かみ》をとりだして、「人《にん》形《ぎょう》」は人形《にんぎょう》の上《うえ》に、「ベッド」はベッドの上《うえ》におきます。それから人形《にんぎょう》をベッドの上《うえ》におき、その横《よこ》に、「ベッド」「の上《うえ》に」「あります」という紙《かみ》をならべるのです。

こうしてわたしは、ひとつひとつの単語《たんご》から文章《ぶんしょう》をつくり、文章《ぶんしょう》と実際《じっさい》の意味《いみ》とをむすびつけてみるのでした。

先生《せんせい》のお話《はなし》によりますと、ある日《ひ》わたしは、自分《じぶん》のしているエプロンに、「少女《しょうじょ》」という言葉《ことば》をピンでつけて、洋服《ようふく》だんすの中《なか》に入《はい》り、洋服《ようふく》だんすのたなに、「洋服《ようふく》だんす」「の中《なか》に」「います」という言葉《ことば》の紙《かみ》をならべたりしたそうです。

この遊《あそ》びほどおもしろい遊《あそ》びはありませんでした。部屋《へや》の中《なか》にあるものをかたっぱしから使《つか》って、わたしは毎日何時間《まいにちなんじかん》も、先生《せんせい》と、こうして楽《たの》しい勉強《べんきょう》をつづけました。

そのうちに、先生《せんせい》はわたしに、『初等読本《しょとうとくほん》』という本《ほん》をくださいました。わたしはすぐに、その中《なか》から、自分《じぶん》の知《し》っている言葉《ことば》をさがしはじめました。見《み》つかると、まるでかくれんぼで人《ひと》を見《み》つけたときのように、よろこびました。

こんな調子《ちょうし》ですから、わたしは、いわゆる「勉強《べんきょう》」という気《き》はすこしもしませんでした。みんな楽《たの》しい遊《あそ》びのように思《おも》っていました。

サリバン先生《せんせい》は、どうしてわたしのしたがっていることや、よろこぶことを、あんなによくわかってくださったのか、いまから考《かんが》えても不思議《ふしぎ》なくらいです。やはり、長《なが》いあいだ、目《め》の見《み》えない人《ひと》たちといっしょにくらしてこられたからでしょうか。

また先生《せんせい》は、すばらしい詩人《しじん》でした。

先生《せんせい》は、まえに教《おし》えたことをおぼえているかどうかためすために、問題《もんだい》を出《だ》すようなことは、けっしてなさいませんでした。

あまりわたしが興味《きょうみ》をもちそうにない、理科《りか》の専門的《せんもんてき》なことなどは、ほんのすこしずつすこしずつ、それもかならず、ごく身近《みぢか》な問題《もんだい》として、具体的《ぐたいてき》に教《おし》えてくださいました。ですから、むずかしいことでも、わたしは知《し》らないあいだにおぼえていました。

わたしたちの教室《きょうしつ》は、家《いえ》の中《なか》でなく、いつも森《もり》や、芝草《しばくさ》の上《うえ》でした。ですから、そのころの勉強《べんきょう》の思《おも》い出《で》には、松葉《まつば》のかすかなヤニのにおいや、野《の》ぶどうのかおりがしみています。

わたしの勉強《べんきょう》には、いろんなものが参加《さんか》してくれました。うるさく鳴《な》きつづけるかえる、きりぎりすやこおろぎ、綿毛《わたげ》につつまれたひな鳥《どり》、それに野《の》の花《はな》、すみれ、新《しん》芽《め》をふきだした果樹《かじゅ》……。

はちきれた綿《わた》の実《み》にさわって、やわらかい繊維《せんい》と、毛《け》の生《は》えた種《たね》を指先《ゆびさき》に感《かん》じました。とうもろこしのくきの間《あいだ》をふきぬける風《かぜ》のため息《いき》、その長《なが》い葉《は》の、衣《きぬ》ずれのような音《おと》の気配《けはい》も知《し》りました。

牧場《ぼくじょう》では、よく子馬《こうま》と遊《あそ》びました。口《くち》にくつわをはめると、おこったようにブルルと鼻息《はないき》をたてるのが、よく手《て》に感《かん》じられました。そのときに、はく息《いき》は、こうばしいクローバーのにおいがしたことを、いまもよくおぼえています。

果樹園《かじゅえん》での勉強《べんきょう》は、なかでも楽《たの》しいものでした。アメリカの南部《なんぶ》では、7月《がつ》のはじめごろ、たいていのくだものはじゅくします。やわらかい毛《け》につつまれたももの実《み》は、大《だい》すきでした。

風《かぜ》がふくと、りんごがころころと、足《あし》もとにころげおちました。わたしはいつも、それをエプロンにいっぱい集《あつ》めて、家《いえ》に持《も》って帰《かえ》りました。家《いえ》に持《も》って帰《かえ》っても、くだものにはまだ、太陽《たいよう》のぬくもりがのこっていました。

また、テネシー川《がわ》のほとりにも、よく勉強《べんきょう》にまいりました。

そこには、荒《あ》れはてた木《き》の桟橋《さんばし》がありました。「ケラーの船着《ふなつ》き場《ば》」といって、それは、南北戦争《なんぼくせんそう》のときに、たくさんの兵士《へいし》を上陸《じょうりく》させるためにつくったものだということでした。

そこで、わたしは何時間《なんじかん》も地理《ちり》の勉強《べんきょう》をしました。この勉強《べんきょう》も、わたしにとっては楽《たの》しい遊《あそ》びのひとつでした。

わたしは小石《こいし》を集《あつ》めて堤防《ていぼう》をつくり、湖《みずうみ》や島《しま》をつくりました。

サリバン先生《せんせい》は、わたしがそうして遊《あそ》んでいると、火《ひ》をふいている山《やま》の話《はなし》や、火山《かざん》のためにうずまった都《みやこ》の話《はなし》や、氷河《ひょうが》の話《はなし》など、不思議《ふしぎ》な話《はなし》をたくさんしてくださいました。そんな話《はなし》に夢中《むちゅう》で聞《き》きいりながら、この大《おお》きな地球《ちきゅう》のようすを、知《し》っていくことができました。

先生《せんせい》はねんどで、立体地図《りったいちず》をつくってくださったので、わたしはそれを手《て》でさわって、谷《たに》や尾根《おね》、曲《ま》がりくねった川《かわ》を知《し》ることができました。

でも、丸《まる》い地球《ちきゅう》に、いくつかの地帯《ちたい》があり、極《きょく》があるということは、わたしには、なかなか理解《りかい》することができませんでした。

先生《せんせい》が、熱帯《ねったい》、温帯《おんたい》をしめすために地図《ちず》の上《うえ》にわたしたひもや、北極《ほっきょく》、南極《なんきょく》をしめすために、つきたてたオレンジの棒《ぼう》が、地球《ちきゅう》の上《うえ》にほんとうにあるように、わたしには思《おも》えました。それで温帯《おんたい》とか、熱帯《ねったい》などという言葉《ことば》を聞《き》くと、わたしはいまでも、地球《ちきゅう》にまきつけられたひもを思《おも》いうかべますし、白熊《しろくま》が北極《ほっきょく》の柱《はしら》を登《のぼ》る、と言《い》われたら信《しん》じてしまうと思《おも》います。

算数《さんすう》だけは、すきになれなかった、たったひとつの勉強《べんきょう》でした。どうしたことか、はじめからわたしは、数《かず》には興味《きょうみ》がありませんでした。

先生《せんせい》は、わたしのすきなビーズ玉《だま》を組《く》みあわせて、一生懸命《いっしょうけんめい》、数《かず》のかぞえ方《かた》を教《おし》えてくださいましたが、5つ、6つ以上《いじょう》の組《く》みあわせとなると、もういやになってしまいました。ひとつでもその組《く》みあわせができると、わたしは、すっかりその日《ひ》の仕事《しごと》がすんだ気《き》がして、大急《おおいそ》ぎで、外《そと》へ遊《あそ》び仲間《なかま》をさがしに出《で》かけました。

動物《どうぶつ》、植物《しょくぶつ》の勉強《べんきょう》も、いたってのんびりしたものでした。

あるとき、お名前《なまえ》はもうわすれましたが、男《おとこ》の方《かた》が、化石《かせき》の標本《ひょうほん》をわたしにおくってくださいました。美《うつく》しいもようのついた貝《かい》がらと、小鳥《ことり》の足《あし》あとのあるものと、細《こま》かいしだの化石《かせき》などがありました。わたしがそれをさわっていると、サリバン先生《せんせい》は、大昔《おおむかし》のおそろしいけものの話《はなし》をしてくださいました。大木《たいぼく》を引《ひ》きさいたり、深《ふか》い沼《ぬま》にうずまって死《し》んでいったりしたという、大《おお》きなそのけものの名《な》は、とてもわたしにはむずかしく、おぼえられませんでした。わたしは、その大昔《おおむかし》の話《はなし》を聞《き》きながらふるえていました。それからしばらく、わたしはそのおそろしい動物《どうぶつ》の夢《ゆめ》ばかり見《み》ました。またあるとき、わたしは美《うつく》しい貝《かい》がらをいただいたことがありました。すると先《せん》生《せい》は、中《なか》にいる小《ちい》さな軟体動物《なんたいどうぶつ》が、自分《じぶん》のすみかのうずまき貝《がい》をつくる話《はなし》や、真珠色《しんじゅいろ》にかがやくおうむ貝《がい》という貝《かい》が、インド洋《よう》の青《あお》い海《うみ》を泳《およ》いでいるという話《はなし》をしてくださいました。わたしは、まるでおとぎ話《ばなし》のようにそれを聞《き》きました。

また、美《うつく》しいさんごや、さんごでできるさんご礁《しょう》の話《はなし》もしてくださいました。

そして、貝《かい》が海《うみ》の水《みず》を吸収《きゅうしゅう》して、そこから体《からだ》の中《なか》に真珠《しんじゅ》をつくっていくように、たくさんの美《うつく》しい、先生《せんせい》の話《はなし》を吸収《きゅうしゅう》しているうちに、わたしの心《こころ》の中《なか》に、美《うつく》しい真珠《しんじゅ》ができていったのです。

クリスマス

　サリバン先生《せんせい》がタスカンビアに来《こ》られて最初《さいしょ》のクリスマスは、わたしにとって一生《いっしょう》わすれることのできないクリスマスでした。

　うち中《じゅう》の人《ひと》は、わたしをおどろかそうと、いろいろくふうをこらしたおくりものを準備《じゅんび》しているようでした。

　いっぽう、わたしと先生《せんせい》も、毎晩《まいばん》ひそかに、うちの人《ひと》びとにおくるおくりものづくりをしていました。それに、先生《せんせい》はわたしに、わたしも先生《せんせい》に、おくりものを用意《ようい》していました。それがみんな、おたがいに秘密《ひみつ》でした。

「それは、食《た》べられるものですか。」

「それは、よいにおいのするものですか。」

　先生《せんせい》とわたしは、いろいろヒントを出《だ》させて、当《あ》てっこをして遊《あそ》びました。それは言葉《ことば》の使《つか》い方《かた》の勉強《べんきょう》でもあったのです。毎晩《まいばん》、そんな楽《たの》しい勉強《べんきょう》をしながら、クリスマスが近《ちか》づくのを待《ま》ちました。

クリスマスイブになると、タスカンビアの小学校《しょうがっこう》の子《こ》どもたちが、わたしを招待《しょうたい》してくれました。

行《い》ってみると、大《おお》きな教室《きょうしつ》のまんなかに、クリスマスツリーが立《た》っていて、枝《えだ》には、めずらしい実《み》が、いっぱいむすびつけてありました。わたしはそれをそっとさわりながら、木《き》のまわりをとびはねてまわりました。

学校《がっこう》では、ひとりひとりにおくりものがありましたが、それをわたしに配《くば》らせてくださいました。それも楽《たの》しいことでした。

その夜《よ》、わたしはベッドにくつ下《した》をつるしたあとで、長《なが》いこと、ねむったふりをしていました。サンタクロースがやってきたら、どんなことをするか、知《し》りたかったのです。でもそのうちに、人形《にんぎょう》をだいたまま、いつのまにかねむってしまいました。

次《つぎ》の朝《あさ》、わたしはだれよりも早《はや》く起《お》きて、

「メリークリスマス。」

そう言《い》って、みんなを起《お》こしてまわりました。すると、くつ下《した》の中《なか》ばかりでなく、テーブルの上《うえ》にも、いすの上《うえ》にも、戸口《とぐち》にも、プレゼントがいっぱいありました。

プレゼントのなかで、いちばんうれしかったのは、サリバン先生《せんせい》からのものでした。

それは1羽《わ》のカナリアでした。カナリアの名《な》は、「ティム」といいました。ティムはおとなしく、人《ひと》にもよくなついていて、わたしの指《ゆび》の上《うえ》を、ひょいひょいとびました。手《て》の上《うえ》で、砂糖《さとう》づけのさくらんぼうをつっついたりもしました。

先生《せんせい》は、カナリアの飼《か》い方《かた》を、くわしく教《おし》えてくださいました。毎朝《まいあさ》水《みず》あびをさせ、かごをきれいにそうじし、新《あたら》しいえさと水《みず》をとりかえて、はこべを1本《ぽん》、ぶらんこにさしてやりました。

ところが、ある朝《あさ》事件《じけん》はおきました。いつものようにわたしは、水《みず》あびの水《みず》をくみにいっているあいだ、窓《まど》の下《した》の腰《こし》かけにかごをおいておきました。水《みず》を持《も》って部屋《へや》の戸《と》を開《ひら》いたときです。なにかわたしと入《い》れちがいに、部屋《へや》をとびだしていくものがありました。

(なにかしら……。)

不思議《ふしぎ》に思《おも》いながら、ティムのかごに手《て》を入《い》れてみました。すると、いくらかごの中《なか》をさぐってみても、あのかわいい羽《はね》にさわりません。小《ちい》さなつめで、わたしの指《ゆび》につかまるようすもないのです。

いま、わたしの姿《すがた》を見《み》てとびだしていったのは、ねこだったのです。かわいそうに、わたしの大事《だいじ》なティムは、ねこにさらわれてしまったのでした。

2 旅《たび》立《だ》ち

ボストンへ

1888年《ねん》の5月《がつ》、わたしはパーキンス盲学校《もうがっこう》に入《はい》るために、母《はは》とサリバン先生《せんせい》につれられて、ボストンへ旅立《たびだ》ちました。北部《ほくぶ》への2度目《どめ》の旅《たび》です。わたしは、2年《ねん》まえ、ボルチモアへ旅立《たびだ》ったときのことを、思《おも》いださずにはいられませんでした。

あのときのわたしは、すぐかんしゃくを起《お》こす、落《お》ちつかない子《こ》で、汽車中《きしゃじゅう》のだれもが、わたしのきげんをとってくれないと、承知《しょうち》できませんでした。しかし、今度《こんど》はちがっていました。たった2年《ねん》しかたっていませんが、自分《じぶん》でもおどろくほど、わたしはかわっていたのです。

サリバン先生《せんせい》のそばにおとなしくすわって、先生《せんせい》が、窓《まど》から見《み》えるものを、わたし

のてのひらの上《うえ》に、つぎつぎと話《はな》してくださるのを、一心《いっしん》に聞《き》きいっておりました。

美《うつく》しいテネシー川《がわ》、見《み》わたすかぎりの綿畑《わたばたけ》、おかや林《はやし》、駅《えき》にむらがって汽車《きしゃ》に手《て》をふる黒人《こくじん》たち、キャンディーやポップコーンをいっぱいかかえて乗《の》りこんでくるお客《きゃく》の話《はなし》など、先生《せんせい》はいちいちのがさず、話《はな》してくださいました。

向《む》かいの座席《ざせき》には、わたしの大事《だいじ》な布人形《ぬのにんぎょう》のナンシーが、新《あたら》しい服《ふく》を着《き》せられ、ひだのついた帽子《ぼうし》をかぶり、ビーズ玉《だま》の目《め》をじっとわたしに向《む》けていました。でも、わたしは先生《せんせい》の話《はなし》がおもしろくて、すっかりナンシーのことをわすれてしまうほどでした。そして、ときどき思《おも》いだしてはだきあげてやりましたが、たいていは、ナンシーはねむっていることに決《き》めておきました。

ナンシーといえば、この旅《たび》で、かわいそうなことになってしまいました。もうこれからのちに、ナンシーのことをお話《はな》しする機会《きかい》もありませんので、ここでお話《はな》ししておきましょう。

わたしは、ナンシーをあまりねむらせてばかりいて、かわいそうになりましたので、汽車の中で、ジャムのたくさんついたパイを、ほしがってもいないのに食べさせてやりました。おかげでナンシーの顔は、ジャムでべたべたによごれてしまっていたのです。

ボストンに着《つ》いて、パーキンス盲学校《もうがっこう》に行《い》くと、学校《がっこう》のやさしい洗濯係《せんたくがかり》のおばさんがこれを見《み》つけて、よほどかわいそうに思《おも》ったのでしょう。わたしの知《し》らないあいだに、おふろに入《い》れてくれたのでした。

これはナンシーにとって、まことにありがためいわくなことでした。ナンシーはおかげで形《かたち》はくずれ、まるで木綿《もめん》のかたまりになってしまったのです。もしその顔《かお》にビーズ玉《だま》の目《め》がなかったら、わたしはいくらさわっても、とてもそれがナンシーだとはわからなかったことでしょう。

パーキンス盲学校《もうがっこう》に着《つ》くと、わたしはすぐに、目《め》の見《み》えない子《こ》どもたちとなかよしになりました。

ここの友《とも》だちが、みな、指《ゆび》で話《はなし》をすることができるとわかったとき、わたしはどんなにうれしかったでしょう。

これまでのわたしは、まるで通訳《つうやく》をとおしてしか話《はな》せない外国人《がいこくじん》のようでした。ところがここでは、だれと話《はな》すにも、通訳《つうやく》はいらないのです。まるでわたしは、母国《ぼこく》に帰《かえ》ったような気持《きも》ちでした。

しかし、ほんとうのことをいいますと、ここの新《あたら》しい友《とも》だちみんなが、目《め》の見《み》えない人《ひと》たちだとは、はじめ考《かんが》えていなかったのです。

まわりに集《あつ》まってくる友《とも》だちが、みんなあまりにも元気《げんき》にはしゃぎまわっているので、まさか目《め》が見《み》えない人《ひと》たちだとは、どうしても思《おも》えなかったのです。

わたしが話《はな》しかけようとすると、友《とも》だちはすぐに手《て》をさしだし、本《ほん》を読《よ》むときには、わたしと同《おな》じように、指《ゆび》で読《よ》むのに気《き》がついたとき、自分《じぶん》も目《め》が見《み》えない身《み》でありながら、わたしはおどろきました。胸《むね》がいたみました。

でも、そんな気持《きも》ちは、みんなといっしょに遊《あそ》んでいるうちに、すぐにわすれてしまいました。そして、1日《にち》すごしただけで、自分《じぶん》が目《め》の見《み》えない身《み》であることさえわすれてしまいました。

盲学校《もうがっこう》での楽《たの》しい日々《ひび》は、とぶようにすぎていきました。

ボストンにいるあいだ、わたしは、いろんなところへつれていってもらいました。ある日《ひ》、わたしたちはボストンの北東《ほくとう》にある、バンカー・ヒルにまいりました。アメリカの独立戦争《どくりつせんそう》のとき、はげしい戦《たたか》いのあったところです。そこには高《たか》い記念碑《きねんひ》がたっていました。

わたしたちは、そのおかの上《うえ》の高《たか》い記念碑《きねんひ》にのぼりながら、歴史《れきし》の勉強《べんきょう》をしました。ここでいさましくたたかった兵士《へいし》の話《はなし》を聞《き》くと、なんだかおかの下《した》には、ほんとうに敵《てき》がいるような気《き》がしました。

次《つぎ》の日《ひ》、わたしたちは、ボストンの南東《なんとう》にあるプリマスへ、船《ふね》で行《い》きました。海《うみ》を船《ふね》で旅《たび》するのははじめてです。わたしは船《ふね》に乗《の》るまで、胸《むね》をはずませていたのですが、いざ船《ふね》に乗《の》りこんでみると、蒸気機関《じょうききかん》のものすごい振動《しんどう》におどろいてしまいました。

わたしは、てっきりかみなりだと思《おも》いましたので、

「きっと雨《あめ》がふるわ。そしたら、せっかくのピクニックが、だいなしになってしまうわ……。」

と泣《な》きだしてしまいました。

海辺《うみべ》の夏《なつ》

わたしがほんとうに海《うみ》を知《し》ったのは、その年《とし》の夏休《なつやす》みのことでした。先生《せんせい》とわたしは、この夏休《なつやす》みを、ケープコッドのブルースターの海岸《かいがん》にある、ホプキンズおばさんの家《いえ》ですごすことになったのです。

ボストンに来《き》てから、1〜2度《ど》海《うみ》へは行《い》きましたが、海《うみ》にさわったことはありませ

ん。ただ、『わたしたちの世界《せかい》』という本《ほん》で読《よ》んだことしか知《し》りません。

その本《ほん》には、海《うみ》の広《ひろ》いことや、そこにすむ動物《どうぶつ》や植物《しょくぶつ》のことがいろいろ書《か》いてありました。でも、わたしの育《そだ》ったタスカンビアは、海《うみ》から遠《とお》くはなれたところですし、この手《て》でふれてみるまでは、とても想像《そうぞう》することもできませんでした。

ブルースターに着《つ》きますと、わたしはすぐに、水着《みずぎ》を着《き》せてもらいました。もう待《ま》ちきれなくて、わたしは、ひとりで温《あたた》かい砂《すな》の上《うえ》にとびだし、そのままいさましく、海《うみ》の中《なか》へとびこんでいきました。

大《おお》きな波《なみ》がわたしの体《からだ》をゆりうごかしました。それはまるで、ゆりかごに乗《の》っているみたいな、楽《たの》しいものでした。海《うみ》の中《なか》でとびはねると、びっくりするほど軽《かる》くとびあがります。波《なみ》が引《ひ》くと、足《あし》の下《した》の砂《すな》が、生《い》き物《もの》のように動《うご》くのも、くすぐったいような、おもしろい感《かん》じです。わたしはもう、先生《せんせい》がそばにいらっしゃらないのもわすれて、夢中《むちゅう》で波《なみ》と遊《あそ》びはじめていました。

わたしはいつのまにか、波《なみ》に引《ひ》かれて、すこしずつ深《ふか》いところへ流《なが》されていました。波《なみ》は、だんだんはげしく体《からだ》をゆらしはじめました。たおされそうです。どこかにつかまるものはないかと、手《て》を広《ひろ》げてあたりをさぐりました。ゆれうごく水《みず》のほかに、なにもありません。

と、そのとき、わたしの足《あし》は、岩《いわ》につまずいてしまいました。気《き》がつくと、頭《あたま》の上《うえ》にも、水《みず》がうずをまいています。いくらもがいても、足《あし》がつきません。わたしは波《なみ》にさらわれて、どこへつれていかれるのかと、生《い》きた心地《ここち》もありません。息《いき》をしようとすると、からい水《みず》が、口《くち》から鼻《はな》から入《はい》ってきました。

あまりのことに、わたしはほとんど気《き》をうしないかけていました。気《き》がつくと、わたしは先生《せんせい》に、しっかりとだきしめられていました。こんなにおそろしいめにあったのは、ほんとうにはじめてでした。あの木《き》の上《うえ》であらしにあったときでも、これほどではありませんでした。

でも、やっとわれに返《かえ》ると、わたしは不思議《ふしぎ》な不思議《ふしぎ》なことに気《き》がつきました。それで先生《せんせい》にだかれながら、たずねました。

「だれが水《みず》に塩《しお》を入《い》れたの？」

最初《さいしょ》にこんな失敗《しっぱい》をしてしまいましたので、それからは水着《みずぎ》を着《き》ても、けっして海《うみ》にとびこむようなことはしませんでした。いつもしっかりした岩《いわ》に腰《こし》をおろして、くだけちる波《なみ》しぶきをあびて楽《たの》しみました。

波《なみ》がおもおもしく打《う》ちよせてくると、小石《こいし》がぶつかりあって、ゴロゴロと鳴《な》るのが感《かん》じられました。空気《くうき》も、波《なみ》が打《う》ちよせるたびにふるえているようでした。浜辺全体《はまべぜんたい》が、あとからあとからおそいかかってくる波《なみ》に、苦《くる》しんでいるように思《おも》えました。わたしはしっかりと岩《いわ》にしがみつきながら、いつまでも力強《ちからづよ》い波《なみ》を感《かん》じとっていました。

ある日《ひ》、サリバン先生《せんせい》は、浅瀬《あさせ》で日《ひ》なたぼっこをしているきみょうなものをつかまえて、わたしにさわらせてくださいました。

それは大《おお》きなかぶとがにでした。もちろん、そんな不思議《ふしぎ》な動物《どうぶつ》ははじめてです。よくさわってみると、背中《せなか》に家《いえ》をせおっているみたいでした。

わたしはそれを家《いえ》で飼《か》ってみたくなりました。先生《せんせい》にたずねると、

「あなたがひとりで持《も》って帰《かえ》れるなら……。」

と、べつに反対《はんたい》もなさいませんでした。わたしは両手《りょうて》でしっぽをつかみ、重《おも》いので、引《ひ》きずるようにして、やっと家《いえ》まで持《も》って帰《かえ》りました。

わたしは、犬《いぬ》か鳥《とり》でも飼《か》うように、これを友《とも》だちにしようと考《かんが》えたのです。わたしはしつこく先生《せんせい》にたのんで、おけをかしてもらい、井戸《いど》のそばにおいておきました。

ところが、あくる朝《あさ》行《い》ってみると、おけの中《なか》はからっぽでした。がっかりはしましたが、考《かんが》えてみると、ものも言《い》えない生《い》き物《もの》を、海《うみ》から引《ひ》きずりだしてきたことは、けっして思《おも》いやりのあることではないと思《おも》えてきました。

「先生《せんせい》、かぶとがにはどこへ行《い》ったのでしょう。」

わたしは心配《しんぱい》してたずねました。先生《せんせい》は、そんなわたしの気持《きも》ちをわかってくだ

さったのか、

「きっと海《うみ》へ帰《かえ》ったのでしょう。」

と、やさしく答《こた》えてくださいました。わたしはそれを聞《き》いて、やっと安心《あんしん》しました。

山《やま》の思《おも》い出《で》

秋《あき》になると、学校《がっこう》や友《とも》だち、ボストンの町《まち》や、楽《たの》しかった夏《なつ》の海《うみ》の思《おも》い出《で》をいっぱいもって、わたしは南部《なんぶ》のふるさとに帰《かえ》りました。そして、家族《かぞく》といっしょに、タスカンビアから22〜23キロメートルはなれた山《やま》の上《うえ》にある別荘《べっそう》で、すごすことになりました。

そこは「しだの石切《いしき》り場《ば》」とよばれていて、以前《いぜん》に石灰岩《せっかいがん》の石切《いしき》り場《ば》があったところです。よく水《みず》のわきでる泉《いずみ》があって、3本《ぼん》の小川《おがわ》が流《なが》れ、あたりには、しだが一面《いちめん》においしげっていました。

わたしたちの別荘《べっそう》は山小屋《やまごや》ふうのもので、かしと松《まつ》の木《き》に囲《かこ》まれた山《やま》の頂上《ちょうじょう》にありました。家《いえ》のまわりにはぐるりとベランダがついていて、山《やま》のにおいをいっぱいふくんだ風《かぜ》が、いつもふきぬけていました。

わたしたちは、一日《いちにち》の大部分《だいぶぶん》をこのベランダですごしました。仕事《しごと》をするのも、食《た》べるのも、遊《あそ》ぶのもここでした。

「しだの石切り場《いしきりば》」には、たくさんの人《ひと》がたずねてきました。夜《よる》になると、その人《ひと》たちはたき火《び》を囲《かこ》んで、何時間《なんじかん》も、トランプをしたり、楽《たの》しそうに話《はな》しあったりしていました。話《はなし》はいつも、鳥《とり》やけものや魚《さかな》をとった手柄話《てがらばなし》でした。

朝《あさ》になると、わたしはいつもその人《ひと》たちのいれるコーヒーのにおいで目《め》をさましました。みな町《まち》から猟犬《りょうけん》や馬《うま》をつれてきていました。一晩中《ひとばんじゅう》木《き》につながれていた犬《いぬ》や馬《うま》は、夜明《よあ》けまえから、もういさみたっていました。その足音《あしおと》や、いそがしく銃《じゅう》を動《うご》かす音《おと》が、わたしにも感《かん》じとれました。

わたしはベランダに出《で》て、毎朝《まいあさ》いさましく出《で》かける狩《か》りの人《ひと》たちを見送《みおく》りました。

「獲物《えもの》をどっさり持《も》って帰《かえ》るから、よろしく準備《じゅんび》をたのむぜ……。」

馬《うま》に乗《の》った人《ひと》たちは、そう言《い》うように手《て》をふって、猟犬《りょうけん》を先頭《せんとう》に、あわただしく森《もり》の中《なか》へ出発《しゅっぱつ》していきました。

お昼近《ひるちか》くなると、わたしたちはバーベキューの用意《ようい》にとりかかります。地面《じめん》に深《ふか》い穴《あな》をほって、その底《そこ》にたき火《び》をつくり、その上《うえ》に肉《にく》をくしざしにして、くるくる回《まわ》して焼《や》くのです。

すっかり準備《じゅんび》がととのったころ、いさましく出《で》かけていった狩人《かりゅうど》たちが、つかれきって帰《かえ》ってきます。ところが、一《いっ》ぴきの獲物《えもの》も持《も》って帰《かえ》ったためしはないのです。

「大《おお》きな鹿《しか》がにげるのを見《み》たんだ。もうちょっと近《ちか》かったら、しとめていたんだが。」

いつもそんな調子《ちょうし》です。この狩人《かりゅうど》たちが、獲物《えもの》を見《み》つけ、犬《いぬ》が懸命《けんめい》にそれを追《お》いあげ、銃《じゅう》をいくらうまくねらいさだめても、引《ひ》き金《がね》を引《ひ》こうとすると、獲物《えもの》はどこかへ姿《すがた》を消《け》してしまうのです。

わたしたちの料理係《りょうりがかり》は、それをよく知《し》っていましたので、子牛《こうし》やぶたの肉《にく》をちゃんと用意《ようい》していました。そして、狩人《かりゅうど》たちも、わたしたちといっしょに、にぎやかにバーベキューをするのです。

山《やま》にはいろんな木《き》の実《み》がたくさんありました。わたしはいつも、妹《いもうと》のミルドレッドと、くりや、くるみをとりにいきました。そして、村《むら》の子《こ》どもたちともなかよしになりました。

山《やま》のふもとに鉄道《てつどう》が走《はし》っていました。ときどき、そこを通《とお》る汽車《きしゃ》が、わたしにも空《くう》気《き》の振動《しんどう》で感《かん》じられるほどするどい汽笛《きてき》を鳴《な》らしました。おどろいてたずねると、

「牛《うし》がね、線路《せんろ》を歩《ある》いていたの。もうすこしでひかれるところだったわ。」

ミルドレッドが、胸《むね》をどきどきさせながら教《おし》えてくれました。

わたしはどこへ行《い》っても、一度《いちど》はおそろしいめにあいました。

ある日《ひ》、わたしとミルドレッドは、サリバン先生《せんせい》を、くるみのたくさんあるところに案内《あんない》すると言《い》って林《はやし》の中《なか》に入《はい》り、道《みち》がわからなくなってしまいました。

あちこち歩《ある》きまわっているうちに、

「あっ、あそこに鉄橋《てっきょう》があるわ。」

ミルドレッドがさけびました。いつのまにか、わたしたちは、家《いえ》から谷《たに》ひとつへだてた向《む》こう側《がわ》に来《き》てしまっていたのでした。

やっと場所《ばしょ》はわかったものの、サリバン先生《せんせい》は立《た》ちどまって考《かんが》えこんでしまわれました。あたりはもうくれかかっていました。鉄橋《てっきょう》をわたればすぐですが、山道《やまみち》を行《い》くとすると、家《いえ》に帰《かえ》りつくまでには、とっぷり日《ひ》はくれ、夜《よる》になってしまいます。

「いいこと？　しっかりわたしにつかまって歩《ある》くのですよ。」

先生《せんせい》は決心《けっしん》なさいました。そして、先生《せんせい》の両手《りょうて》につかまって、わたしたちは鉄橋《てっきょう》をわたることにしたのでした。

間《あいだ》の開《あ》いたまくら木《ぎ》を一本《いっぽん》一本《いっぽん》足先《あしさき》でさぐりながら歩《ある》くのは、まるでナイフの上《うえ》を歩《ある》くように、おそろしいことでした。とても時間《じかん》がかかりました。

鉄橋《てっきょう》のちょうど中《なか》ほどまで来《き》たころでしょうか、わたしは足《あし》の裏《うら》に、なにかかすかなひびきがつたわるのを感《かん》じました。

（おや、なにかしら。）

そう思《おも》ってたずねようとすると同時《どうじ》に妹《いもうと》が、

「汽車《きしゃ》が来《く》るわ。」

と、わたしの服《ふく》をつかんでさけびました。わたしが足《あし》の裏《うら》に感《かん》じたのは、遠《とお》くから近《ちか》づく機関車《きかんしゃ》のひびきだったのです。

「早《はや》く、わたしの言《い》うとおりにして。……しっかりつかまっているのよ。動《うご》いてはいけませんよ。」

先生《せんせい》は、ふたりをレールの横《よこ》にある橋《はし》げたにおろして、だきかかえるように、しゃがみこまれました。

やがて機関車《きかんしゃ》は、汽笛《きてき》も鳴《な》らさずに、わたしたちの頭上《ずじょう》を通《とお》りすぎました。機関車《きかんしゃ》から出《で》る熱《あつ》い蒸気《じょうき》が顔《かお》にふきかかり、けむりで息《いき》がつまりそうになりました。橋《はし》ははげしくゆれて、わたしはもう助《たす》からないと思《おも》いました。

やっとのことで助《たす》かりましたが、３人《にん》は口《くち》もきかずに、帰《かえ》りを急《いそ》ぎました。もう日《ひ》

は、とっぷりとくれていました。

それから、まだだいぶ歩《ある》きつづけましたが、それまでだまっていた妹《いもうと》が、急《きゅう》にわっと泣《な》きだしました。どうしたのかと思《おも》ったら、遠《とお》くに家《いえ》の灯《あか》りが見《み》えたのだと言《い》って、泣《な》きつづけるのでした。

はじめての雪《ゆき》

夏《なつ》の海《うみ》、秋《あき》の山《やま》のお話《はなし》をしましたので、はじめて雪《ゆき》を知《し》った冬《ふゆ》の思《おも》い出《で》も、お話《はな》しいたしましょう。

わたしは、はじめてボストンに出《で》た年《とし》から、冬《ふゆ》はほとんど毎年《まいとし》、北部《ほくぶ》ですごしました。

雪《ゆき》にはじめてあったのは、ニューイングランドの村《むら》へ行《い》ったときのことです。

あたたかい南部《なんぶ》に育《そだ》ったわたしは、まったくべつの世界《せかい》に来《き》たようにおどろきました。

11月《がつ》のはじめごろから、日一日《ひいちにち》と寒《さむ》くなって、木《こ》の葉《は》はほとんどかれおちてしまいます。はじめわたしは、だれがこんなにたくさんの葉《は》っぱをむしりとったのだろうと、不思議《ふしぎ》に思《おも》ったくらいです。

森《もり》も林《はやし》もすっかりはだかになった、さむざむしい景色《けしき》は、目《め》の見《み》えないわたしにもよくわかりました。いつも、どこへ行《い》っても、わたしをなぐさめてくれる小鳥《ことり》も、どこへ行《い》ってしまったのか、生《い》きものの気配《けはい》はどこにも感《かん》じられなくなってしまいました。

ある日《ひ》、家《いえ》の中《なか》にいても、へんに静《しず》かで、これまでにない寒《さむ》さを感《かん》じる日《ひ》がありました。

わたしがそのことを話《はな》すと、みんなは、雪《ゆき》がふるのだと教《おし》えてくれました。わたしはすぐ外《そと》に出《で》て、寒《さむ》さにふるえながら、長《なが》いあいだ、空《そら》から雪《ゆき》のふるのを待《ま》っていました。

でも雪《ゆき》は、わたしが考《かんが》えていたよりもはるかに軽《かる》く、静《しず》かで、ふりはじめても、しばらくは感《かん》じることもできないほどでした。じっと空《そら》を見《み》あげていると、そのかすかなものが顔《かお》にふりかかってとけ、小《ちい》さなつめたい水《みず》になったので、はじめてその正体《しょうたい》をつかむことができたのでした。

でも、いったんふりはじめると、何時間《なんじかん》も何時間《なんじかん》も、休《やす》みなくふりつづいて、ある朝《あさ》、外《そと》に出《で》てみておどろきました。地面《じめん》はどこにもないのです。ところどころに木《き》がつきでているだけで、道《みち》も畑《はたけ》もなにも、手《て》さぐりでは見分《みわ》けることができないのです。

おまけに、その日《ひ》の夕方《ゆうがた》から風《かぜ》が出《で》てきました。すると、あれほど静《しず》かでかすかな雪《ゆき》が、まるで猛獣《もうじゅう》のように外《そと》であばれているのです。

わたしたちはストーブを囲《かこ》んで、楽《たの》しい夜《よる》をすごしましたが、夜《よ》がふけてベッドに入《はい》ると、窓《まど》はふるえ、屋根《やね》のたる木《き》がきしみ、わたしはこわくてなかなかねむれませんでした。

3日目《みっかめ》の朝《あさ》になって、ようやく雪《ゆき》はやみ、太陽《たいよう》が顔《かお》を出《だ》しました。

村《むら》の人《ひと》びとは、早《はや》くからシャベルを持《も》って外《そと》に出《で》、雪《ゆき》かきを始《はじ》めていました。わたしたちも、オーバーにえりまき、手《て》ぶくろに身《み》をかためて、外《そと》に出《で》てみました。雪《ゆき》に反射《はんしゃ》する日《ひ》の光《ひかり》は、目《め》の見《み》えないわたしでも感《かん》じるほど、きらきらと強《つよ》い光《ひかり》でした。

わたしたちは、ひとりずつ、やっと通《とお》れる、細《ほそ》くふみかためられた道《みち》を通《とお》って、松《まつ》の林《はやし》まで出《で》かけました。木《き》の幹《みき》にさわると、体《からだ》がうずまるかと思《おも》うほど、たくさんの雪《ゆき》のかたまりが、頭《あたま》の上《うえ》から落《お》ちてきました。

こうして、それから春《はる》が来《く》るまで、地面《じめん》も草《くさ》も見《み》ることができませんでした。

わたしは、毎日《まいにち》のように、湖《みずうみ》に面《めん》した斜面《しゃめん》でそり遊《あそ》びをしました。はじめてそりに乗《の》ったときの気持《きも》ちは、一生《いっしょう》わすれることができません。

斜面《しゃめん》の上《うえ》でそりに乗《の》ると、男《おとこ》の子《こ》が後《うし》ろからひとおししてくれるのです。すると、ものすごい速《はや》さですべりおり、やがてあつくはった湖《みずうみ》の氷《こおり》の上《うえ》を、どこまでも走《はし》り

つづけるのです。斜面《しゃめん》をくだるときの気持《きも》ちは、まるで、空《そら》をとんでいるような、不《ふ》思議《しぎ》な気持《きも》ちでした。天《てん》にものぼる心地《ここち》というのは、あのようなことをいうのでしょうか。

話《はな》し方《かた》

わたしが口《くち》で話《はなし》をすることを学《まな》びはじめたのは、ボストンに出《で》てから2年《ねん》たった1890年《ねん》の春《はる》のことでした。

どうにかして人《ひと》に聞《き》こえる声《こえ》を出《だ》したいという気持《きも》ちは、その以前《いぜん》からありました。

わたしは、片手《かたて》で自分《じぶん》ののどをおさえ、片手《かたて》でくちびるの動《うご》きをさわりながら、よく、わけもわからない声《こえ》を出《だ》していたものです。

自分《じぶん》ののどばかりではありません。なんでも音《おと》を出《だ》すものがおもしろく、のどを鳴《な》らすねこや、ほえている犬をさわるのが大すきでした。また、歌を歌っている人ののどにも手《て》をやってみましたし、だれかがひいているピアノの上《うえ》に、手《て》をおくのもすきでした。

母《はは》の話《はなし》によりますと、わたしは病気《びょうき》をするまえは、普通《ふつう》の赤《あか》んぼうより早《はや》く口《くち》をきくことをおぼえたのですが、病気《びょうき》で、耳《みみ》がまったく聞《き》こえなくなったので、話《はな》すこともわすれていってしまったのでした。

それでも、一日中《いちにちじゅう》母《はは》のひざにすわって、くちびるの動《うご》きを感《かん》じるのがおもしろくて、まねをして動《うご》かしてみたりはしていました。

お友《とも》だちの話《はなし》によると、泣《な》いたり、わらったりは、普通《ふつう》の子《こ》と同《おな》じようにしていたそうです。

まえにも言《い》いましたように、「ウォーター（水《みず》）」だけは、「ウォーウォー。」と発音《はつおん》していましたが、それもサリバン先生《せんせい》が教《おし》えてくださるようになったころには、ほとんど聞《き》きとれないくらいにしか、発音《はつおん》できませんでした。そして、指《ゆび》で話《はなし》をすることをおぼえてからは、もうまったく、口《くち》を使《つか》わなくなってしまったのです。

まわりの人《ひと》たちが、わたしとはちがう方法《ほうほう》で話《はなし》をしていることには、かなり以前《いぜん》から気《き》がついてはいました。そして、指話法《しわほう》では、どうしても満足《まんぞく》しきれないものは感《かん》じていました。

友《とも》だちも、わたしに悪《わる》いと思《おも》ってでしょうか、わたしと話《はな》すときは、かならず指《ゆび》を使《つか》いました。ですから、口《くち》で話《はな》すくふうをする機会《きかい》もありませんでした。

それでも、わたしはあきらめていたのではありません。

わたしが口《くち》で話《はな》す練習《れんしゅう》を始《はじ》めるようになったのは、ぐうぜんのことからでした。

この年《とし》の春《はる》、ローラ・ブリッジマンさんの先生《せんせい》で、ちょうどノルウェーやスウェーデンを旅《たび》してこられたラムソンという先生《せんせい》が、わたしをたずねてきてくださったのです。そして、ノルウェーの女《おんな》の子《こ》で、わたしと同《おな》じように、耳《みみ》が聞《き》こえなくて、目《め》も見《み》えない身《み》でありながら、勉強《べんきょう》して、りっぱに話《はなし》ができるようになった子《こ》どもの話《はなし》をしてくださったのです。

先生《せんせい》はただ、わたしをはげますために、こんなお友《とも》だちもありますよと、軽《かる》い気持《きも》ちでお話《はな》しになったのだと思《おも》います。ところが、わたしはその話《はなし》を聞《き》くと、もう、いても立《た》ってもいられなくなりました。

「先生《せんせい》、わたしにも、すぐその勉強《べんきょう》をさせてください。」

と、一生懸命《いっしょうけんめい》おねがいしました。

ラムソン先生《せんせい》は、あまり急《きゅう》にわたしがおねがいしだしたので、ちょっとおどろかれたようですが、やはりボストンにあるろう学校《がっこう》、ホレース・マン学校《がっこう》の校長先生《こうちょうせんせい》、サラ・フラー先生《せんせい》のところへつれていってあげましょうと、約束《やくそく》してくださったのです。

その年《とし》の3月《がつ》26日《にち》、わたしはフラー先生《せんせい》のところへつれていっていただきました。

フラー先生《せんせい》は、やさしい先生《せんせい》でした。話《はなし》を聞《き》くと、その場《ば》で、自分《じぶん》が教《おし》えてあげようと言《い》ってくださいました。

フラー先生《せんせい》は、わたしの手《て》をとって、自分《じぶん》の顔《かお》のところへ持《も》っていき、声《こえ》を出《だ》すときの舌《した》やくちびるにさわらせてくださいました。わたしはそれを一生懸命《いっしょうけんめい》まねて、1時間《じかん》のちには、M《エム》、P《ピー》、A《エー》、S《エス》、T《ティー》、I《アイ》の、6つの発音《はつおん》ができるようになりました。先生《せんせい》はその日《ひ》から、11回《かい》、わたしのために授業《じゅぎょう》をしてくださいました。そしてわたしは、自分《じぶん》の口《くち》ではじめて、

「今日《きょう》はあたたかいです。」

と言《い》うことができたのでした。

それはもちろん、とぎれとぎれの、どもるような発音《はつおん》だったにちがいありません。でも、それはまさしく人間《にんげん》の言葉《ことば》だったのです。

しかし、11回《かい》の短《みじか》い勉強《べんきょう》では、ただ発音《はつおん》の基本《きほん》を学《まな》んだだけでした。わたしの話《はな》す言葉《ことば》は、フラー先生《せんせい》とサリバン先生《せんせい》にはわかっていただけましたが、そのほかの方《かた》には、わたしが話《はな》している100分《ぶん》の1もわかっていただけなかったにちがいありません。

フラー先生《せんせい》の勉強《べんきょう》が終《お》わると、あとはまた、サリバン先生《せんせい》といっしょに、くりかえしくりかえし練習《れんしゅう》をつづけなければなりませんでした。サリバン先生《せんせい》は、ひとつでも発音《はつおん》がうまくできないと、わたしといっしょに、何時間《なんじかん》でも、できるまで練習《れんしゅう》をつづけてくださいました。

わたしは何度《なんど》も、うまくできなくて、

(ああ、やっぱりだめなんだわ。)

そう思《おも》うときがありました。でも、次《つぎ》の瞬間《しゅんかん》、今度《こんど》うちに帰《かえ》ったら、母《はは》や妹《いもうと》と、口《くち》で話《はなし》ができるのだと考《かんが》えなおして、また勇気《ゆうき》を出《だ》して、できるまでつづけました。

こうして努力《どりょく》しているうちに、指《ゆび》で話《はな》すより、口《くち》で話《はな》すほうがやさしく思《おも》えるようになりました。それからわたしは、できるだけ指《ゆび》を使《つか》うことをやめました。

ただ、人《ひと》の話《はなし》を聞《き》くときには、相手《あいて》の人《ひと》のくちびるに手《て》を当《あ》てて話《はなし》をするより、指《ゆび》のほうが速《はや》いので、サリバン先生《せんせい》も、ほかの幾人《いくにん》かの友《とも》だちも、そのあとも、ずっと指話法《しわほう》でわたしに話《はな》しかけてくださいました。

こうして、どうにか口《くち》で話《はなし》ができるようになると、わたしはもうがまんができなくて、さっそくタスカンビアに帰《かえ》りました。もちろん、サリバン先生《せんせい》といっしょです。わたしは汽車《きしゃ》の中《なか》でも、ずっとしゃべりつづけていました。うちに帰《かえ》って、すこしでもじょうずに、みんなに話《はな》しかけたいからでした。

タスカンビアの駅《えき》に着《つ》くと、うち中《じゅう》の人《ひと》が、わたしをむかえにきてくれていました。

わたしは、あまりのうれしさに、あんなにけいこをしてきた言葉《ことば》を、一言《ひとこと》も言《い》うことができませんでした。ただ、なみだばかりがあふれるのです。

母《はは》は、わたしをきつくだきしめてくれました。妹《いもうと》のミルドレッドは、母《はは》にだかれているわたしの手《て》をとって、一生懸命《いっしょうけんめい》くちづけしてくれました。父《ちち》はだまって、そんなわたしたちを見守《みまも》っているようでした。

このときのことを思《おも》いだしますと、いまでもすぐになみだが目《め》にたまります。

『霜《しも》の王様《おうさま》』事件《じけん》

わたしの少女時代《しょうじょじだい》、その空《そら》はいつも光《ひか》っていたように思《おも》います。ところが、1892年《ねん》の冬《ふゆ》、そのかがやかしい空《そら》が、まっ黒《くろ》な雲《くも》にとざされてしまうような、悲《かな》しい事件《じけん》が起《お》こりました。そのことを思《おも》いだすと、いまでも、心《こころ》につめたいものが走《はし》ります。

わたしがはじめて口《くち》がきけるようになった翌年《よくねん》の秋《あき》のことでした。わたしたちはまた、あの「しだの石切り場《いしきりば》」の別荘《べっそう》ですごしていました。

サリバン先生《せんせい》は、山《やま》のもみじの美《うつく》しさを、いろいろわたしに説明《せつめい》してくださいました。わたしはそれを聞《き》きながら、そんな美《うつく》しい景色《けしき》の出《で》てくる物語《ものがたり》を、心《こころ》にうかべていました。

それが、かつて読《よ》んでもらったことのある本《ほん》の物語《ものがたり》であることなど、すっかりわすれてしまっていました。わたしの心《こころ》に、ごくしぜんにうかんできたものだとばかり思《おも》っていたのです。

それで、心《こころ》にうかんだすばらしいそのお話《はなし》を、わすれないうちにと思《おも》って、机《つくえ》に向《む》かい、すぐに書《か》きはじめたのでした。

お話《はなし》ができあがると、さっそくサリバン先生《せんせい》に読《よ》んで聞《き》かせました。われながらうまく書《か》けたと、得意《とくい》になっていました。

夕食《ゆうしょく》のとき、集《あつ》まった家《いえ》の人《ひと》たちにも読《よ》んで聞《き》かせました。みんなは、じょうずに書《か》けているのに、びっくりしました。だれかが、あまりじょうずに書《か》けているので、本《ほん》で読《よ》んだお話《はなし》ではないのかと、たずねました。

わたしはびっくりしました。そんな話《はなし》を読《よ》んでもらった記憶《きおく》は、まったくなかったからです。

「いいえ、ちがうわ。これはわたしがつくったお話《はなし》よ。アナグノス先生《せんせい》のお誕生日《たんじょうび》のお祝《いわ》いに、おおくりするのよ。」

わたしは言《い》いはりました。

あくる日《ひ》、わたしはそのお話《はなし》を清書《せいしょ》し、題《だい》を『秋《あき》の葉《は》』とつけました。しかし、サリバン先生《せんせい》に相談《そうだん》して考《かんが》えなおし、『霜《しも》の王様《おうさま》』とつけかえました。そして、自分《じぶん》で郵便局《ゆうびんきょく》まで持《も》っていきました。

パーキンス盲学校《もうがっこう》のアナグノス先生《せんせい》は、たいへんよろこんでくださいました。そして、盲学校《もうがっこう》の雑誌《ざっし》にそのままのせてくださったのです。その知《し》らせをいただいたとき、わたしは、天《てん》にものぼる思《おも》いでした。

だが、まもなくわたしは、その天《てん》から地面《じめん》にたたきつけられなければならなかったのでした。

わたしがボストンにもどってまもなくのことです。わたしの書《か》いたお話《はなし》が、マーガレット・キャンビーという方《かた》の、『小鳥《ことり》とその友《とも》だち』という本《ほん》の中《なか》にある『霜《しも》の妖《よう》精《せい》』と、文章《ぶんしょう》がひじょうによく似《に》ているということがわかったのです。

わたしは、きっとだれかに、いつかこのお話《はなし》を読《よ》んでいただいたことがあるのでしょう。それがわたしの心《こころ》の中《なか》にのこっていて、こういうことになったにちがいありません。

わたしは、たいへん申《もう》しわけのないことをしたと思《おも》いました。でも、いつ、どこで、『霜《しも》の妖精《ようせい》』などというお話《はなし》を読《よ》んでもらったか、どうしても思《おも》いだせません。もしサリバン先生《せんせい》に読《よ》んでいただいたのだったら、まっ先《さき》に先生《せんせい》がこのことにお気《き》づきになったはずです。サリバン先生《せんせい》は、なにもごぞんじありませんでした。

普通《ふつう》の方《かた》には、ちょっと考《かんが》えられないことかもしれません。でも、目《め》と耳《みみ》が不自由《ふじゆう》なわたしは、そのころ、本《ほん》を読《よ》むといっても、著者《ちょしゃ》のことなど、考《かんが》えたこともありませんし、実際《じっさい》の世界《せかい》をこの目《め》で見《み》たのは、赤《あか》んぼうのときの19か月間《げつかん》だけなのです。あとはすべて、手《て》にふれ、他人《たにん》の話《はなし》を聞《き》き、本《ほん》を読《よ》んで想像《そうぞう》し、自分《じぶん》の心《こころ》の中《なか》にひとつの考《かんが》えをつくりあげてきたのです。まだおさなかったわたしには、わたし自身《じしん》の考《かんが》えと、他人《たにん》をとおして吸収《きゅうしゅう》した考《かんが》えとのさかいめが、はっきりとわからなかったのです。それで、こんなことが起《お》きてしまったのだと思《おも》います。

アナグノス先生《せんせい》は、はじめ、わたしを信《しん》じていてくださいました。ところが、盲学校《もうがっこう》のひとりの先生《せんせい》が、ある日《ひ》わたしに、『霜《しも》の王様《おうさま》』のことをおたずねになりました。わたしは正直《しょうじき》に、『霜《しも》の王様《おうさま》』という題名《だいめい》を、サリバン先生《せんせい》に相談《そうだん》したこと、また、秋《あき》のもみじや、霜《しも》について、いろいろ先生《せんせい》から教《おそ》わったことをお答《こた》えしました。

わたしのその答《こた》えに、なにかわたしが、キャンビーさんの『霜《しも》の妖精《ようせい》』をわざとまねたと、白状《はくじょう》したように思《おも》わせるものがあったのでしょうか。その先生《せんせい》はさっそく、わたしが白状《はくじょう》したかのように、アナグノス先生《せんせい》につたえてしまわれたのでした。

アナグノス先生《せんせい》は、それをお聞《き》きになって、わたしにだまされたとお思《おも》いになったようでした。サリバン先生《せんせい》とわたしが、わざと他人《たにん》の文章《ぶんしょう》をぬすんで、先生《せんせい》にほめていただこうとしくんだことだと、お考《かんが》えになったのでした。

やがて、盲学校《もうがっこう》の先生《せんせい》と役員《やくいん》でつくられた審査委員会《しんさいいんかい》に、わたしはよびだされることになりました。しかもその席《せき》には、サリバン先生《せんせい》といっしょでなく、わたしひとりで来《く》るようにと、言《い》いわたされました。まるで、罪人《ざいにん》をさばく裁判《さいばん》のようです。委員《いいん》の方《かた》たちは、はじめから、わたしに、『霜《しも》の妖精《ようせい》』をサリバン先生《せんせい》に読《よ》んでもらい、それをぬすんで書《か》いたことをみとめさせようと、決《き》めてかかっておられるようでした。

わたしのことをいつもやさしく守《まも》ってきてくださった先生方《せんせいがた》が、どうしてそんなにうたがいぶかい質問《しつもん》をなさるのか、わたしには、とても考《かんが》えられないことでした。わたしはただ、胸《むね》がどきどきするばかりで、とてもうまく口《くち》をきくことはできませんでした。

やっと部屋《へや》から出《で》ることをゆるされたとき、わたしはただもうぼうっとして、なぐさめてくれる友《とも》だちの言葉《ことば》もなにも、頭《あたま》に入《はい》りませんでした。

その晩《ばん》、ベッドの中《なか》で、こんなに泣《な》いた子《こ》はいないといいがと思《おも》うほど、泣《な》きつづけました。しまいには、夜《よ》が明《あ》けるまえに、もう死《し》んでしまうのではないかとさえ思《おも》いました。信《しん》じてもらえないということは、わたしには、それほど苦《くる》しいことだったのです。

サリバン先生《せんせい》は、もちろんわたしを信《しん》じていてくださいました。しかし、ことがあまりに大《おお》きくなったので、心配《しんぱい》して、いろいろ調《しら》べてくださいました。先生《せんせい》は、キャンビーさんの、『霜《しも》の妖精《ようせい》』のことも、それがのっていた『小鳥《ことり》とその友《とも》だち』という本《ほん》があることさえ、ごぞんじなかったのです。先生《せんせい》は、グラハム・ベル博士《はくし》にも相談《そうだん》なさいました。そして、注意《ちゅうい》ぶかく調《しら》べられた結果《けっか》、あの、わたしがはじめて海《うみ》で夏《なつ》をすごしたとき、お世話《せわ》になったホプキンズさんが、そのころ、『小鳥《ことり》とその友《とも》だち』を持《も》っていらっしゃったことがわかったのです。

わたしがホプキンズさんの家《いえ》ですごしているあいだに、サリバン先生《せんせい》は、しばらく休暇《きゅうか》でおられなかったことがあったのです。ホプキンズさんは、先生《せんせい》がいらっしゃらなくて、さびしがっているわたしをなぐさめるために、たくさんの本《ほん》を読《よ》んでくださったのです。そのなかに、キャンビーさんの『小鳥《ことり》とその友《とも》だち』もあったらしいということでした。

わたしには、それを読《よ》んでもらった記憶《きおく》はまったくなかったのですが、この事件《じけん》が起《お》こってから、わたしは、『霜《しも》の妖精《ようせい》』というお話《はなし》を読《よ》んでみました。そして、おどろいたことには、わたしがつくったつもりのお話《はなし》と、それはとても似《に》ていたのです。それればかりではありません。そのころ書《か》いた手紙《てがみ》の中《なか》にも、この物語《ものがたり》からかりた文句《もんく》や言葉《ことば》が、たくさんあったように思《おも》われました。わたしは、まったく知《し》らないうちに、人《ひと》の文章《ぶんしょう》をぬすんでしまったのです。

これはほんとうに悲《かな》しいことでした。それからというもの、わたしは、母《はは》に出《だ》す手《て》紙《がみ》でさえ、何度《なんど》も何度《なんど》も読《よ》みかえし、書《か》きなおしして書《か》くようになりました。自分《じぶん》の言葉《ことば》でない言葉《ことば》を書《か》いてしまってはいないかと、心配《しんぱい》だったからです。

でも、この事件《じけん》が世間《せけん》にまで知《し》れると、たくさんの方《かた》がたが、はげましの手紙《てがみ》をくださいました。

『霜《しも》の妖精《ようせい》』の当《とう》の作者《さくしゃ》であるキャンビーさんご自身《じしん》も、親切《しんせつ》なお手紙《てがみ》をくださいました。

それには、

——そのうちに、自分《じぶん》の心《こころ》で考《かんが》えたりっぱなお話《はなし》を書《か》いて、多《おお》くの人《ひと》になぐさめと救《すく》いをもたらす日《ひ》が来《く》るでしょう。——

と書《か》いてありました。

もしキャンビーさんのこの温《あたた》かいはげましや、サリバン先生《せんせい》のはげましがなかったら、わたしは、ものを書《か》くことを、一生《いっしょう》あきらめていただろうと思《おも》います。

この事件《じけん》のあとの夏《なつ》と冬《ふゆ》は、タスカンビアに帰《かえ》って、家族《かぞく》といっしょに楽《たの》しい月日《つきひ》をすごしました。わたしの心《こころ》をまっ暗《くら》にしたできごとも、時《とき》がたつにしたがって、いつしかわすれられるようになりました。

『霜《しも》の王様《おうさま》』を書《か》いてから、ちょうど1年《ねん》がすぎました。わたしは、サリバン先生《せんせい》のすすめで、自分《じぶん》の生《お》い立《た》ちを書《か》きはじめました。

わたしはまだ、自分《じぶん》の書《か》いているものが、完全《かんぜん》に自分自身《じぶんじしん》のものであるかどうか、心配《しんぱい》でなりませんでした。

わたしはときどき、そっと先生《せんせい》に見《み》せて言《い》いました。

「これ、わたしの考《かんが》えかどうかわからないんですが……。」

また、

（もし、これがみんな、ずっとまえに、だれかが書《か》いたことだったらどうしよう。）

そう考《かんが》えると、わたしの筆《ふで》は、ぴたりと止《と》まってしまいました。

そんなとき、サリバン先生《せんせい》は、一生懸命《いっしょうけんめい》なぐさめ、はげましてくださいました。そして、それをボストンで発行《はっこう》されている、『青年《せいねん》の友《とも》』という週刊誌《しゅうかんし》にのせるようにしてくださいました。『青年《せいねん》の友《とも》』は、テニソンやホイットマンなどという、一流《いちりゅう》の詩人《しじん》も寄稿《きこう》している、有名《ゆうめい》な雑誌《ざっし》でした。

すべてサリバン先生《せんせい》が、わたしに自信《じしん》をとりもどさせるためにしてくださったことでした。そうでなかったら、わたしは、先《さき》にも言《い》いましたように、一生《いっしょう》、字《じ》を書《か》かない人間《にんげん》になってしまいそうだったからです。

そのとき、わたしは12歳《さい》でした。

ナイアガラと万国博覧会《ばんこくはくらんかい》

あくる年《とし》、1893年《ねん》は、なかなかいそがしい年《とし》でした。クリーブランド大統領《だいとうりょう》の就任式《しゅうにんしき》に、ワシントンに出《で》かけたり、ナイアガラの滝《たき》［1］と、シカゴで開《ひら》かれた万《ばん》国博覧会《こくはくらんかい》にも出《で》かけました。

そんなわけで、勉強《べんきょう》はたえず中断《ちゅうだん》され、何週間《なんしゅうかん》も机《つくえ》に向《む》かわない日《ひ》がつづいたりしました。でも、机《つくえ》に向《む》かわなくても、どこへ行《い》っても、それはそれなりに、わたしにとっては大《おお》きな勉強《べんきょう》になりました。

ナイアガラへ行《い》ったのは、その年《とし》の3月《がつ》のことでした。あの大《おお》きな滝《たき》を、アメリカ側《がわ》から見《み》おろして、大気《たいき》のふるえと、地震《じしん》のような地《じ》ひびきを感《かん》じたときの気持《きも》ちは、とてもここに書《か》きあらわすことはできません。

わたしが、ナイアガラのすばらしさに感動《かんどう》したと言《い》いますと、たくさんの方《かた》がたが、とても不思議《ふしぎ》がられました。

「あなたは、滝《たき》を見《み》ることも、そのひびきを聞《き》くこともおできにならないのに、どうして、なにをそんなに感動《かんどう》なさったのですか。」

こういうふうに、おたずねになるのです。

わたしはお答《こた》えしました。

「なにを感動《かんどう》したかって、それはとても言《い》いあらわすことはできません。ちょうど、あなたが、『愛《あい》』とか『善《ぜん》』とか、美《うつく》しい信仰《しんこう》を、見《み》ることも聞《き》くこともなしに感動《かんどう》なさるのと同《おな》じことです。とても説明《せつめい》できるものではありません。」

シカゴの万国博覧会《ばんこくはくらんかい》に出《で》かけたのは、その年《とし》の夏《なつ》のことでした。サリバン先生《せんせい》と、アレキサンダー・グラハム・ベル博士《はくし》とごいっしょしました。

子《こ》ども心《ごころ》にいろいろ空想《くうそう》していたことが、みな目《め》の前《まえ》に実際《じっさい》にあるのです。毎日《まいにち》まるで、わたしは世界一周《せかいいっしゅう》の旅《たび》をしているみたいでした。

会場《かいじょう》の中央《ちゅうおう》に万国館《ばんこくかん》というところがありまして、そこにはまるで、『アラビアン・ナイト』の物語《ものがたり》が目《め》の前《まえ》に広《ひろ》げられたように、めずらしいもの、おもしろいものがならべられていました。

インドの町《まち》があり、象《ぞう》が、のっしのっしと歩《ある》いていました。イスラム教《きょう》の寺院《じいん》があるかと思《おも》うと、らくだが歩《ある》いていました。その向《む》こうにはピラミッド、かと思《おも》うとベニスの町《まち》があらわれて、そこには海《うみ》があり、ゴンドラもうかんでいました。

わたしたちは、毎晩町《まいばんまち》に灯《ひ》がともるころになると、小船《こぶね》に乗《の》りました。海賊船《かいぞくせん》もありました。わたしたちは、まるで海賊気《かいぞくき》どりで、その船《ふね》にも乗《の》りこんでみました。たくさんのつなや、帆《ほ》をさわりながら、わたしは、昔《むかし》の船乗《ふなの》りのたくましさを、ありありと想像《そうぞう》することができました。

［1］アメリカ合衆国《がっしゅうこく》とカナダの国境《こっきょう》にある滝《たき》。3つの滝《たき》があり、その幅《はば》を合《あ》わせると1キロメートル近《ちか》くになる。ながめがよいことから、世界的《せかいてき》な観光名所《かんこうめいしょ》になっている。

海賊船《かいぞくせん》からすこしはなれたところに、コロンブスがアメリカに到達《とうたつ》したときに乗《の》っていた、サンタ・マリア号《ごう》の模型《もけい》がありました。わたしたちはそれにも乗《の》りました。船長《せんちょう》さんが、コロンブスの船室《せんしつ》に案内《あんない》してくださいました。船室《せんしつ》の机《つくえ》の上《うえ》には、砂《すな》時計《どけい》がありました。わたしはその砂時計《すなどけい》を手《て》にとってみました。砂《すな》が一《ひと》つぶ一《ひと》つぶ流《なが》れおちるのを感《かん》じることができました。わたしはふと、コロンブスの心《こころ》が手《て》にとるようにわかるような気《き》がしました。

あらあらしい船員《せんいん》たちが、コロンブスを殺《ころ》して船《ふね》を引《ひ》きかえそうと計画《けいかく》していたとき、かれはそれを知《し》りながら、どんな思《おも》いで砂時計《すなどけい》をじっと見《み》つめていたのだろうと、わたしは想像《そうぞう》したのです。

博覧会《はくらんかい》の会長《かいちょう》は、ヒギンボサムという方《かた》でしたが、会長《かいちょう》さんは、会場《かいじょう》に展示《てんじ》されたものに、どれでも手《て》でさわってよいと、親切《しんせつ》に特別《とくべつ》なおゆるしをくださいました。いちばん感動《かんどう》したのは、フランスのブロンズ像《ぞう》でした。まるで生《い》きているとしか思《おも》えませんでした。これはきっと、芸術家《げいじゅつか》がとらえた天使《てんし》にちがいないと思《おも》いました。

アフリカの南《みなみ》のはし、喜望峰《きぼうほう》の部屋《へや》では、ダイヤモンドをほりだし、それを切《き》り、みがくありさまを見《み》せてもらいました。順《じゅん》を追《お》って、もちろん手《て》でさわってみたのです。ごろごろと鉱石《こうせき》が入《はい》っている中《なか》から、わたしはほんもののダイヤをひとつつまみあげました。すると、

「ヘレンさんがダイヤを発見《はっけん》した。これこそアメリカで発見《はっけん》された、たったひとつのダイヤだ。」

そう言《い》って、みんなでわらいました。

ベル博士《はくし》は、わたしの行《い》くところはどこへでもついてきてくださって、おもしろく、わかりやすく説明《せつめい》してくださいました。

電気館《でんきかん》には、電話機《でんわき》、蓄音機《ちくおんき》、そのほかいろいろな発明品《はつめいひん》がならんでいましたが、博士《はくし》は、ひとつひとつの使《つか》い方《かた》を、ていねいに説明《せつめい》してくださいました。

人類館《じんるいかん》には、世界各国《せかいかっこく》の各時代《かくじだい》に、人《ひと》びとが使《つか》ってきた道具《どうぐ》がならべられていました。

おしまいに、エジプトのミイラもありましたが、さすがに、これにさわってみる勇《ゆう》気《き》はありませんでした。

ろう学校《がっこう》へ

わたしは、それまでにもすこしずつ、自分勝手《じぶんかって》なやり方《かた》で、ギリシャ、ローマ、アメリカ合衆国《がっしゅうこく》の歴史《れきし》を読《よ》み、点字《てんじ》の本《ほん》で、フランス語《ご》の勉強《べんきょう》などもしていました。でも、それはあくまで、雨《あめ》の日《ひ》などのひまつぶしの遊《あそ》びのようなものでした。

ところが、万国博覧会《ばんこくはくらんかい》へ行《い》って、広《ひろ》い世界《せかい》にこの手《て》でふれてきてから、わたしはそれを、学課《がっか》として勉強《べんきょう》するようになりました。旅《たび》のつかれもおさまった10月《がつ》からのことです。

まずはじめに、近《ちか》くに住《す》んでおられたアイアンズという先生《せんせい》から、ラテン語《ご》を学《まな》ぶことになりました。アイアンズ先生《せんせい》は、ラテン語《ご》ばかりでなく、ひじょうに広《ひろ》く学問《がくもん》にすぐれた方《かた》で、この先生《せんせい》から、わたしは数学《すうがく》まで教《おし》えていただきました。

また、イギリスの詩人《しじん》テニソンの、有名《ゆうめい》な『イン・メモリアム』を、いっしょに読《よ》んでくださいました。そして、これまでにもわたしは、いろんな本《ほん》を読《よ》んできましたが、その作者《さくしゃ》や、その文体《ぶんたい》などを考《かんが》えて読《よ》むことを教《おし》えられました。

わたしが、友《とも》だちの手《て》をにぎると、すぐにそれがだれであるかわかるように、文章《ぶんしょう》を読《よ》むと、それがだれの書《か》いた文章《ぶんしょう》であるかわかるようになったのも、アイアンズ先《せん》生《せい》のおかげでした。


あくる年《とし》の10月《がつ》、わたしは、ニューヨークにあるライト・ヒューメーソンろう学校《がっこう》に入学《にゅうがく》しました。この学校《がっこう》をえらんだ目的《もくてき》は、声《こえ》の訓練《くんれん》と、読唇術《どくしんじゅつ》——人《ひと》のくちびるにさわって、その人《ひと》の話《はな》している言葉《ことば》を読《よ》みとる方法《ほうほう》——の習得《しゅうとく》ですが、その研究《けんきゅう》がひじょうにすぐれているからでした。

しかし、そのふたつの勉強《べんきょう》のほかに、数学《すうがく》、地理《ちり》、フランス語《ご》、ドイツ語《ご》も学《まな》びました。

わたしはこの学校《がっこう》で、2年間勉強《ねんかんべんきょう》しました。ドイツ語《ご》のリーミーという女《おんな》の先生《せんせい》は、指話法《しわほう》がおできになる先生《せんせい》でしたので、ひととおりドイツ語《ご》を勉強《べんきょう》すると、機会《きかい》あるごとに、ドイツ語《ご》で先生《せんせい》と指《ゆび》でお話《はな》しし、3～4か月《げつ》で、先生《せんせい》のおっしゃることはなんでもわかるまでになりました。そして、1年《ねん》たたないうちに、シラーの『ヴィルヘルム・テル』〔2〕が読《よ》めるようになりました。

ところが、むずかしかったのは、フランス語《ご》でした。先生《せんせい》は、オリビエという、やはり女《おんな》の先生《せんせい》でしたが、この先生《せんせい》は、指《ゆび》でお話《はな》しすることをごぞんじありませんでした。ですから、わたしは先生《せんせい》のくちびるを読《よ》みとることができなくて、フランス語《ご》は、なかなか上達《じょうたつ》しませんでした。

数学《すうがく》はここでも苦手《にがて》でした。でも、地理《ちり》の勉強《べんきょう》は、いちばん楽《たの》しい勉強《べんきょう》でした。楽《たの》しみといえば、毎日《まいにち》みんなで、セントラル・パークを散歩《さんぽ》したことです。

また春《はる》には、いろんな名所《めいしょ》にも、遠足《えんそく》に行《い》きました。船《ふね》でハドソン川《がわ》をさかのぼったこともありました。そのほか、士官学校《しかんがっこう》のあるウェストポイントや、『スケッチブック』や『リップ・バン・ウィンクル』の作者《さくしゃ》、ワシントン・アービングの家《いえ》のあるところへも行《い》きました。

[2] スイスの英雄《えいゆう》の活躍《かつやく》をえがいた物語《ものがたり》。主人公《しゅじんこう》が、息子《むすこ》の頭《あたま》の上《うえ》においたリンゴを弓《ゆみ》で射《い》ったエピソードが有名《ゆうめい》。英語名《えいごめい》は『ウィリアム・テル』。

3 光《ひかり》ある世界《せかい》

大学受験《だいがくじゅけん》

2年間《ねんかん》のろう学校生活《がっこうせいかつ》を終《お》えると、ボストンのとなりのケンブリッジにある女学校《じょがっこう》に入学《にゅうがく》しました。同《おな》じ町《まち》にあるラドクリフ大学《だいがく》に入《はい》る準備《じゅんび》をするためです。

ケンブリッジ女学校《じょがっこう》は、もちろん普通《ふつう》の女学校《じょがっこう》です。わたしのように、目《め》が見《み》えなかったり、耳《みみ》が聞《き》こえない生徒《せいと》が入学《にゅうがく》したことはありませんでした。わたしはあいかわらず、サリバン先生《せんせい》といっしょに授業《じゅぎょう》を受《う》け、授業《じゅぎょう》を全部通訳《ぜんぶつうやく》していただかなければなりませんでした。

いちばんこまったのは、教科書《きょうかしょ》でした。これは、ロンドンとフィラデルフィアの友《とも》だちが、全部点字《ぜんぶてんじ》に訳《やく》してくださることになっていたのですが、なかなか、まにあい

ませんでした。

わたしは、授業中《じゅぎょうちゅう》に、ノートをとったり、練習問題《れんしゅうもんだい》を書《か》いたりすることはできませんでしたから、いつも家《いえ》に帰《かえ》ってから、タイプライター［1］で打《う》たなければなりませんでした。

サリバン先生《せんせい》は、授業《じゅぎょう》を全部《ぜんぶ》わたしの手《て》に話《はな》してくださるばかりでなく、新《あたら》しい単《たん》語《ご》が出《で》てくると、それを全部辞書《ぜんぶじしょ》でひいて調《しら》べてくださいました。

点字《てんじ》でない本《ほん》やノートは、わたしが自分《じぶん》で読《よ》んで勉強《べんきょう》することはできませんから、先生《せんせい》が、何度《なんど》も何度《なんど》も、わたしに読《よ》んでくださるのでした。

それはそれはたいへんな仕事《しごと》でした。

ドイツ語《ご》のグレーテという先生《せんせい》と、校長《こうちょう》のギルマン先生《せんせい》は、そんなサリバン先生《せんせい》をごらんになって、わざわざ、わたしひとりのために、指話法《しわほう》を練習《れんしゅう》してくださいました。そして、すこしでもサリバン先生《せんせい》を休《やす》ませるために、わたしに特別授業《とくべつじゅぎょう》をしてくださいました。

わたしはこの学校《がっこう》に来《き》てはじめて、目《め》も見《み》え、耳《みみ》も聞《き》こえる、わたしと同《おな》じ年《とし》ごろの友《とも》だちと、なかよしになることができました。

わたしは、幾人《いくにん》かのそんな友《とも》だちと、学校《がっこう》のすぐ近《ちか》くにある寮《りょう》で、いっしょにくらすことができたのです。そこで、普通《ふつう》の友《とも》だちといっしょに、目《め》かくし遊《あそ》びや、雪遊《ゆきあそ》びをし、また、つれだって散歩《さんぽ》もしました。そのなかの幾人《いくにん》かは、指話法《しわほう》さえおぼえてくれましたので、ときには、サリバン先生《せんせい》がそばにいらっしゃらなくても、みんなといっしょに、遊《あそ》んだり、話《はな》しあったりすることもできました。

クリスマスには、母《はは》と、妹《いもうと》のミルドレッドがやってきて、いっしょに冬休《ふゆやす》みをすごすことができました。

ギルマン先生《せんせい》は、すこしでもわたしが楽《たの》しく勉強《べんきょう》できるようにと、いろいろ考《かんが》えてくださって、ミルドレッドもこの女学校《じょがっこう》に入《はい》って、いっしょに勉強《べんきょう》するようにと言《い》っ

［1］文字盤《もじばん》をたたくと、文字《もじ》が紙《かみ》に打《う》ちだされる機械《きかい》。

てくださいました。それで、冬休《ふゆやす》みが終《お》わっても、ミルドレッドはケンブリッジにのこることになりました。わたしたちは、それから6か月《げつ》、たがいに勉強《べんきょう》を助《たす》けあったり、遊《あそ》んだりして、まるでうちにいるように、楽《たの》しくすごすことができました。ラドクリフ大学《だいがく》に進《すす》むためには、いろんな学科《がっか》について、それぞれ予備試験《よびしけん》を受《う》けておかなければなりません。

わたしは、ケンブリッジ女学校《じょがっこう》で1年《ねん》の授業《じゅぎょう》を終《お》えると、まずドイツ語《ご》、フランス語《ご》、ラテン語《ご》、英語《えいご》、ギリシャ・ローマ史《し》の試験《しけん》を受《う》けました。語学《ごがく》にはそれぞれ、初級《しょきゅう》と上級《じょうきゅう》があって、全部《ぜんぶ》で9時間《じかん》の試験《しけん》を、5日間《いつかかん》にわたって受《う》けるのです。大学《だいがく》に入学《にゅうがく》するまでには、全部《ぜんぶ》で16時間《じかん》の予備試験《よびしけん》に合格《ごうかく》しなければなりません。わたしは、その半分以上《はんぶんいじょう》を1年目《ねんめ》に受《う》けたのですが、全部《ぜんぶ》に合格《ごうかく》し、とくに、ドイツ語《ご》と英語《えいご》では、優等賞《ゆうとうしょう》をいただきました。しかし、普通《ふつう》の人《ひと》たちとちがって、わたしの試験《しけん》はたいへんでした。ほかの人《ひと》たちはペンで答案《とうあん》を書《か》きますが、わたしは、タイプライターで打《う》たなければなりません。その音《おと》が、ほかの受験生《じゅけんせい》のじゃまになるかもしれないというので、わたしだけは、べつの部屋《へや》で試験《しけん》を受《う》けることになりました。

試験中《しけんちゅう》は、サリバン先生《せんせい》がついてくださるわけにはいきませんでした。代《か》わりに校《こう》長先生《ちょうせんせい》が、指話法《しわほう》で試験問題《しけんもんだい》を読《よ》んでくださり、部屋《へや》の入《い》り口《ぐち》には、試験官《しけんかん》がひとり立《た》っていました。

最初《さいしょ》の日《ひ》はドイツ語《ご》でした。校長先生《こうちょうせんせい》が、まずはじめに、問題《もんだい》を通《とお》して読《よ》んでくださいます。2度目《どめ》には、文章《ぶんしょう》をひとつひとつ読《よ》んでくださり、わたしがそれを声《こえ》に出《だ》して読《よ》み、完全《かんぜん》にわかったかどうか、たしかめてもらいます。

わたしが答《こた》えを書《か》くと、それをまた先生《せんせい》が、わたしの手《て》に、わたしが書《か》いたとおり読《よ》んでくださいます。そのときまちがいに気《き》がつくと、先生《せんせい》はまたそれを、わたしの言《い》うとおり答案《とうあん》に書《か》きこんでくださるというわけです。

試験《しけん》がすむと、ギルマン先生《せんせい》は、その答案《とうあん》はわたしが書《か》いたものであるという証明《しょうめい》書《しょ》をそえて、大学《だいがく》に送《おく》ってくださいました。予備試験《よびしけん》は、すべて大学《だいがく》で問題《もんだい》が出《だ》され、大学《だいがく》の試験官《しけんかん》が採点《さいてん》するのです。

こうしてわたしは2年生《ねんせい》に進《すす》みました。大学《だいがく》の予備試験《よびしけん》の成績《せいせき》が、思《おも》ったよりよかったので、わたしは心《こころ》も明《あか》るく、希望《きぼう》にもえていました。

ところが、2年生《ねんせい》になって授業《じゅぎょう》が始《はじ》まると、思《おも》いがけない困難《こんなん》にぶつかりました。ギルマン先生《せんせい》のすすめもあって、2年目《ねんめ》には、数学《すうがく》を主《しゅ》とした勉強《べんきょう》をしなければなりませんでした。代数《だいすう》、幾何《きか》、天文学《てんもんがく》、物理学《ぶつりがく》、そしてギリシャ語《ご》とラテン語《ご》です。

まずこまったのは、これらの教科書《きょうかしょ》の点字訳《てんじやく》が、ほとんどまにあわなかったことです。

2年《ねん》になると、教室《きょうしつ》の人数《にんずう》も多《おお》くなり、どの先生《せんせい》も、わたしひとりのために、特別《とくべつ》な授業《じゅぎょう》をしてくださるというわけにはまいりませんでした。ですから、サリバン先生《せんせい》に、これらの本《ほん》を全部読《ぜんぶよ》んでいただき、授業中《じゅぎょうちゅう》は、先生《せんせい》の話《はなし》を、全部通訳《ぜんぶつうやく》していただかなければならないのでした。

いかに熟練《じゅくれん》なされたサリバン先生《せんせい》にも、このようなことがじゅうぶんできるはずがありません。

それに、わたしは教室《きょうしつ》で、数学《すうがく》の問題《もんだい》を解《と》かなければなりません。そのためには、数学《すうがく》のいろいろな記号《きごう》をしめすことのできるタイプライターを、買《か》いもとめなければなりませんでした。それが手《て》に入《はい》るまで、わたしは、教室《きょうしつ》では問題《もんだい》を解《と》くことができませんでした。

いちばんこまったのは、幾何《きか》です。先生《せんせい》が黒板《こくばん》にいろんな図形《ずけい》をおかきになりますが、もとよりそれを見《み》ることはできません。

それで、わたしは机《つくえ》の上《うえ》にクッションをおき、その上《うえ》に、やわらかい針金《はりがね》で、円《えん》や三角形《さんかくけい》の図形《ずけい》をつくって問題《もんだい》を考《かんが》えました。その図形《ずけい》につける数字《すうじ》や記号《きごう》は、すべて暗記《あんき》するよりほかありませんでした。

それは、どんなにサリバン先生《せんせい》の手《て》をかりても、じゅうぶんにやりとげられることではありませんでした。思《おも》いだしてもはずかしいことですが、わたしはいらいらして、サリバン先生《せんせい》のやり方《かた》に、不平《ふへい》をもらしてしまったのでした。

そのうちに、点字《てんじ》に訳《やく》された教科書《きょうかしょ》もときどき、新《あたら》しいタイプライターも手《て》に入《い》れることができました。しかし、もともとわたしには、数学《すうがく》の才能《さいのう》がなかったにちがいありません。道具《どうぐ》がいろいろそろっても、困難《こんなん》はつづきました。

ある日《ひ》わたしは、ちょっとした病気《びょうき》で、1日学校《にちがっこう》を休《やす》みました。するとギルマン先生《せんせい》は、わたしがうまくいかない勉強《べんきょう》につかれたものと、勝手《かって》にお考《かんが》えになってしまいました。そして、わたしの授業時間《じゅぎょうじかん》をへらしておしまいになりました。これはもちろん、わたしのためを思《おも》ってしてくださったことだったのですが、わたしもサリバン先生《せんせい》も、不満《ふまん》でした。授業時間《じゅぎょうじかん》をへらすと、それだけ長《なが》く女学校《じょがっこう》にいなければならず、クラスの人《ひと》たちといっしょに大学《だいがく》を受験《じゅけん》することができなくなります。わたしは、どうしても、クラスの友《とも》だちといっしょに、大学《だいがく》に進《すす》みたかったのです。

ギルマン先生《せんせい》とサリバン先生《せんせい》の間《あいだ》にも、意見《いけん》のくいちがいが起《お》こりました。

母《はは》は、これ以上学校《いじょうがっこう》にごめいわくをかけるにしのびなかったのでしょうか、妹《いもうと》のミルドレッドといっしょに、わたしもケンブリッジ女学校《じょがっこう》をやめることに決《き》めてしまいました。

しかし、学校《がっこう》をやめてからも、わたしはケンブリッジ女学校《じょがっこう》のキース先生《せんせい》に、家《いえ》で教《おし》えていただき、勉強《べんきょう》はつづけることになりました。教室《きょうしつ》で、みんなといっしょに勉強《べんきょう》するよりも、ひとりで教《おし》えてもらうと、それは楽《らく》でした。急《いそ》ぐこともありませんし、何度《なんど》も説明《せつめい》を聞《き》きかえすこともできます。わかりさえすれば、数学《すうがく》もおもしろい勉強《べんきょう》となりました。

こうしてわたしは、学校《がっこう》はやめましたが、おくれることなく、友《とも》だちといっしょに、いよいよラドクリフ大学《だいがく》の最終試験《さいしゅうしけん》を受《う》けることになりました。

1899年《ねん》6月《がつ》29日《にち》と30日《にち》の2日間《ふつかかん》です。第《だい》1日《にち》は、初級《しょきゅう》ギリシャ語《ご》と上級《じょうきゅう》ラテン語《ご》、第《だい》2日《にち》は、幾何《きか》、代数《だいすう》、上級《じょうきゅう》ギリシャ語《ご》の試験《しけん》でした。大学《だいがく》は、わたしがサリバン先生《せんせい》の力《ちから》をかりることをいっさい禁《きん》じました。そして、サリバン先生《せんせい》の代《か》わりに、パーキンス盲学校《もうがっこう》のバイニングという先生《せんせい》におねがいして、試験問題《しけんもんだい》をすべて、点字《てんじ》に打《う》たせました。バイニング先生《せんせい》は、わたしのまったく知《し》らない先生《せんせい》でした。ですから、点字《てんじ》のことにかんするほか、いっさい質問《しつもん》することはゆるされませんでした。点《てん》字《じ》をたどって問題《もんだい》を解《と》くことができても、いったんその答《こた》えをタイプライターで書《か》いてしまうと、もうそれを読《よ》みかえすことはできません。あとで、もしまちがいに気《き》がついても、訂正《ていせい》することもできませんでした。

でもわたしは、合格《ごうかく》することができました。困難《こんなん》が多《おお》ければ多《おお》いほど、それを乗《の》りこえられたときは、うれしいものです。

大学生活《だいがくせいかつ》

大学入学《だいがくにゅうがく》のための、長《なが》いたたかいは終《お》わりました。わたしはもう、いつでもすきなときに、ラドクリフ大学《だいがく》に入学《にゅうがく》できる資格《しかく》ができたのです。

しかし、大学《だいがく》に入《はい》るまえに、もう1年《ねん》、キース先生《せんせい》のもとで勉強《べんきょう》したほうがよいということになりました。ですから、大学《だいがく》へ行《い》く夢《ゆめ》が実現《じつげん》したのは、1900年《ねん》の秋《あき》になってからのことでした。

入学《にゅうがく》した最初《さいしょ》の日《ひ》のことを、わたしは一生《いっしょう》わすれることはできないでしょう。この日《ひ》の来《く》るのを、わたしはどんなに待《ま》ちのぞんでいたことでしょう。

目《め》も見《み》えず、耳《みみ》も聞《き》こえないわたしが、大学《だいがく》に入《はい》るということには、わたしのことをいつも考《かんが》えていてくれる、もっとも親《した》しい人《ひと》びとでさえ、反対《はんたい》しました。しかし、わたしはこのことだけは、だれの意見《いけん》にもしたがいませんでした。

わたしは、自分《じぶん》の力《ちから》をためしたかったのです。もちろん、これまでよりも、もっと大《おお》きな困難《こんなん》にあうことだって、覚悟《かくご》していました。だからこそ、それを乗《の》りこえたかったのです。

キケロだったでしょうか、昔《むかし》ローマの都《みやこ》から追放《ついほう》された賢人《けんじん》は、「ローマの都《みやこ》を追《お》われれば、都《みやこ》の外側《そとがわ》に住《す》むまでのことだ。」と言《い》ったそうですが、わたしも、そんな気持《きも》ちでした。

大学《だいがく》というところには、偉大《いだい》な知識《ちしき》の大道《だいどう》があって、わたしのような者《もの》が、そこを通《とお》ってはいけないというのなら、わたしは、ほかの人《ひと》が足《あし》をふみいれないない小道《こみち》を進《すす》むまでのことです。

わたしは決心《けっしん》し、熱心《ねっしん》に勉強《べんきょう》を始《はじ》めました。光《ひかり》にみちた世界《せかい》が、目《め》の前《まえ》に開《ひら》かれているように感《かん》じました。

たとえ目《め》が見《み》えなくても、耳《みみ》が聞《き》こえなくても、心《こころ》の中《なか》の不思議《ふしぎ》な国《くに》では、わたしもほかの人《ひと》と同《おな》じ自由《じゆう》をもつことができます。教室《きょうしつ》は偉人《いじん》と賢人《けんじん》の精神《せいしん》にみちあふれ、教授《きょうじゅ》は、その不思議《ふしぎ》な国《くに》の鍵《かぎ》を持《も》つ、知恵《ちえ》のかたまりのように思《おも》えました。

これほどまでに思《おも》いこんできた大学《だいがく》でしたが、まもなく、自分《じぶん》が想像《そうぞう》したほどのところではないことに気《き》がつきました。これまでのわたしの勉強《べんきょう》にくらべて、大学《だいがく》の勉《べん》強《きょう》は、いろいろわたしにとって不都合《ふつごう》なものだということが、だんだんにわかってきました。

まず第一《だいいち》に、時間《じかん》のないことです。

わたしはこれまで、いつも、自分《じぶん》で自分《じぶん》の心《こころ》と語《かた》る時間《じかん》をもっていました。それはわたしにとって、もっとも大切《たいせつ》な時間《じかん》でした。わたしは夕方《ゆうがた》、よくひとりで、じっと自分《じぶん》の心《こころ》の歌《うた》を聞《き》きました。それは、自分《じぶん》を深《ふか》め、高《たか》める、いちばん楽《たの》しい時間《じかん》でした。けれども大学《だいがく》では、そういう時間《じかん》をもつことはできませんでした。大学《だいがく》はまるで、考《かんが》えるためではなく、ただ知《し》るためだけに行《い》くところのように思《おも》えました。

1学年《がくねん》のときには、フランス語《ご》、ドイツ語《ご》、歴史《れきし》、英文学《えいぶんがく》などを習《なら》いました。フランス語《ご》では、コルネイユ、モリエール、ラシーヌなどの作品《さくひん》を読《よ》みました。ドイツ語《ご》では、ゲーテ、シラーなどの作品《さくひん》を読《よ》みました。歴史《れきし》は、ローマ帝国《ていこく》の没落《ぼつらく》から18世紀《せいき》までを、大急《おおいそ》ぎで学《まな》び、英文学《えいぶんがく》では、ミルトンの詩《し》などを読《よ》みました。

「あなたはそんなお体《からだ》で、あの大学《だいがく》の講義《こうぎ》をどのようにしてお受《う》けになったのですか。」

わたしはよく、そう言《い》ってたずねられます。

教室《きょうしつ》では、わたしはたったひとりでいるのと同《おな》じです。教授《きょうじゅ》はまるで、電話《でんわ》で話《はな》している人《ひと》のように、遠《とお》いものに思《おも》えました。

講義《こうぎ》は、できるだけ速《はや》く、サリバン先生《せんせい》がわたしの手《て》に、聞《き》きながらつづってくださるのですが、それはまるで競争《きょうそう》みたいで、わたしは、おくれないようにと、そのことに気《き》をとられてばかりいました。まるでうさぎを追《お》う猟犬《りょうけん》のように、言葉《ことば》はわたしの手《て》を通《とお》りぬけるばかりです。

もっとも、ほかの学生《がくせい》だって、たいしてちがってはいなかったでしょう。学生《がくせい》たちは、耳《みみ》から聞《き》くと、めちゃくちゃなスピードで、それをノートに書《か》きうつすことにばかり心《こころ》をうばわれているようでした。とても、教授《きょうじゅ》が論《ろん》じておられる問題《もんだい》について注《ちゅう》意《い》をはらうことなど、できそうにありませんでした。

わたしの手《て》は、講義《こうぎ》を聞《き》きとるのにせいいっぱいで、ノートすることはできません。家《いえ》に帰《かえ》ってから、思《おも》いだせるだけを書《か》きとめておくしかありませんでした。

わたしがほかの学生《がくせい》におくれずに勉強《べんきょう》しようとすると、苦労《くろう》なさるのは、やはりサリバン先生《せんせい》でした。

ここでもいちばんこまったのは、やはり教科書《きょうかしょ》でした。点字《てんじ》に訳《やく》された本《ほん》が一冊《いっさつ》もなかったのです。幾人《いくにん》かのわたしの友《とも》だちが、大急《おおいそ》ぎで点字訳《てんじやく》にかかってくださいましたが、それができあがるまでは、全部《ぜんぶ》サリバン先生《せんせい》に訳《やく》していただかねばなりませんでした。

教科書《きょうかしょ》ばかりではありません。勉強《べんきょう》が進《すす》むにつれて、教授《きょうじゅ》はいろんな本《ほん》を読《よ》んでくるように、宿題《しゅくだい》をお出《だ》しになりました。すると、サリバン先生《せんせい》は、夜《よ》どおしかかってその本《ほん》を読《よ》み、わたしのてのひらにつづって、読《よ》みきかせなければなりませんでした。

先生方《せんせいがた》が、もうすこし早《はや》めに、必要《ひつよう》な本《ほん》を教《おし》えてくだされば、これほど苦労《くろう》はなかったのですが、たいていの先生《せんせい》は、間際《まぎわ》になってからしか、その本《ほん》の名《な》を教《おし》えてはくださいませんでした。

こんな調子《ちょうし》でしたから、ほかの学生《がくせい》にくらべると、わたしは、毎日《まいにち》、何倍《なんばい》もの時間《じかん》をかけて、準備《じゅんび》をしなければなりませんでした。

そんなとき、ほかの学生《がくせい》たちが野原《のはら》へ散歩《さんぽ》に出《で》かけたり、集《あつ》まって楽《たの》しそうに語《かた》りあったりしているのを見《み》ると、わたしは勉強《べんきょう》を投《な》げだしてしまいたくなることもたびたびありました。でも、わたしのために、いっしょに、いいえ、わたし以上《いじょう》に努力《どりょく》してくださっているサリバン先生《せんせい》や、わたしのために点字訳《てんじやく》をしてくださる方《かた》がたのことを思《おも》いうかべ、またわたしは、勇気《ゆうき》をとりもどすのでした。

わたしの体《からだ》がこんなものですから、クラスの方《かた》がたとも、あまり親《した》しくはできませんでした。それでも、わたしと話《はな》すために、わざわざ指話法《しわほう》をおぼえてくださった方《かた》もありました。それに、ほかの方《かた》がたも、いろいろとおもしろい方法《ほうほう》で、わたしにやさしくしてくださいました。

ある日《ひ》、

「ブルックリンにいる、とてもにぎやかなお友《とも》だちのところへ遊《あそ》びにいこうと思《おも》うんだけど、ヘレンもいっしょにいらっしゃらない？」

と、友《とも》だちがわたしをさそってくれました。

「ええ、ありがとう。でも、にぎやかなお友《とも》だちって、だれなの。」

わたしが問《と》いかえすと、

「トマス・ベルベドア卿《きょう》って方《かた》よ。」

トマス卿《きょう》などと、もちろんわたしは聞《き》いたことのない名前《なまえ》です。でも、みんながさそってくださったことがうれしくて、わたしはついていきました。

向《む》こうへ着《つ》くと、どうもなにかへんなのです。はたして、そこは人間《にんげん》の住《す》む家《いえ》ではなく、テリアのたくさんいる犬小屋《いぬごや》だったのです。

犬《いぬ》たちは、よろこんでわたしたちをむかえてくれました。そして、そのなかに、血統《けっとう》のよい、「トマス卿《きょう》」という名前《なまえ》をつけられた犬《いぬ》が、ほんとうにいたのです。

「どう？　そのお友《とも》だち、気《き》に入《い》ったでしょう。」

「ええ、とても。」

「じゃあ、あなたにさしあげますわ。じつは、みんなからのおくりものにしようと思《おも》ってたの。」

小屋《こや》から出《だ》されたトマス卿《きょう》は、うれしそうに、わたしのまわりを、こまのようにじゃれまわりました。なるほど、にぎやかなお友《とも》だちでした。みんな明《あか》るく、楽《たの》しい学生《がくせい》たちでした。もしわたしが学課《がっか》であんなに苦労《くろう》しなかったら、もっともっと、みんなと同《おな》じように、大学生活《だいがくせいかつ》を楽《たの》しめたことでしょう。

本《ほん》の思《おも》い出《で》

これまで、わたしの生涯《しょうがい》のできごとを書《か》きつづってきましたが、わたしが本《ほん》からどれだけたくさんのものをあたえられてきたか、まだお話《はな》ししていないようです。本《ほん》というものが、だれにでもあたえる楽《たの》しみや知識《ちしき》だけでなく、ほかの人《ひと》びとなら、目《め》や耳《みみ》から受《う》けいれるものも、わたしはすべて、本《ほん》から得《え》たのです。

はじめて本《ほん》を読《よ》んだころからの思《おも》い出《で》を、お話《はな》ししたいと思《おも》います。

はじめてすじのあるお話《はなし》を読《よ》んだのは、7歳《さい》のときでした。そのころ読《よ》んだ本《ほん》は、子《こ》どものためのお話集《はなしじゅう》という『初等読本《しょとうとくほん》』、それと、『わたしたちの世界《せかい》』という、地《ち》球《きゅう》について書《か》いた本《ほん》でした。

この2冊《さつ》の本《ほん》は、くりかえしくりかえし読《よ》みましたので、文字《もじ》がすっかりすりへって、しまいには、もうほとんど読《よ》めなくなってしまいました。

そのころ、サリバン先生《せんせい》が、いろんなお話《はなし》や詩《し》を、わたしの手《て》に読《よ》みきかせてくださいましたが、読《よ》んでもらうよりも、やはり自分《じぶん》で読《よ》むほうが、何度《なんど》もくりかえして読《よ》めるので、すきでした。

本気《ほんき》になって読書《どくしょ》を始《はじ》めたのは、最初《さいしょ》にボストンへ行《い》ったときからです。

パーキンス盲学校《もうがっこう》の図書館《としょかん》に行《い》くと、わたしに読《よ》める点字本《てんじぼん》が、いっぱいあります。わたしは、ほとんど毎日《まいにち》、図書館《としょかん》に行《い》って、手当《てあ》たりしだいに本《ほん》をとりだし、読《よ》みはじめました。

しかし、正《ただ》しくは、「読《よ》む」ということではなかったかもしれません。10の言葉《ことば》のなかには、かならずひとつやふたつのわからない言葉《ことば》がありましたし、なかには、1

ページの中《なか》に、わかる言葉《ことば》がふたつ、三つというようなこともありました。

そのころのわたしは、本《ほん》の内容《ないよう》などどうでもよかったのです。言葉《ことば》というものがおもしろく、めずらしかったのです。ですから、一冊《さつ》の本《ほん》を、おしまいまで読《よ》みとおすということはなかったようです。たくさんの言葉《ことば》や文章《ぶんしょう》を、部分的《ぶぶんてき》にそのままおぼえこんでしまうのです。

あとで、自分《じぶん》で話《はなし》をしたり、書《か》いたりするようになってから、このころにおぼえた言葉《ことば》や文章《ぶんしょう》が、そのまま頭《あたま》にうかんできましたので、友《とも》だちは、わたしがたいへんもの知《し》りなのだと、びっくりしたそうです。

まとまった本《ほん》を、ちゃんと理解《りかい》して読《よ》んだのは、『小公子《しょうこうし》』〔2〕が最初《さいしょ》でした。ある日《ひ》、わたしが図書館《としょかん》で、大人《おとな》の小説《しょうせつ》を、例《れい》によって意味《いみ》もよくわからないままに読《よ》んでいると、サリバン先生《せんせい》が来《こ》られて、

「おもしろいですか。」

とおたずねになりました。わたしは、わからないところのほうが多《おお》かったのですが、

その小説《しょうせつ》の中《なか》に、ひとりの子《こ》どもが出《で》てくるところがあったので、そこを読《よ》んでいるのですと、先生《せんせい》に言《い》いました。

するとと先生《せんせい》は、

「ひとりの少年《しょうねん》のことを、ずうっと書《か》いてあるお話《はなし》を読《よ》んであげましょうか。きっと、その本《ほん》よりおもしろいかもしれないわ。」

そう言《い》って、読《よ》んでくださったのが、『小公子《しょうこうし》』でした。『小公子《しょうこうし》』を読《よ》みはじめたときのことを、いまもはっきりおぼえています。8月《がつ》の、夏《なつ》もやがて終《お》わりになるころでした。わたしは先生《せんせい》と、その夏《なつ》ずっと海水浴《かいすいよく》に行《い》っていたのです。

ふたりは、家《いえ》からすこしはなれた、松《まつ》の木《き》にかけたハンモックに、いっしょに乗《の》っ

[2] アメリカの作家《さっか》バーネットが1866年《ねん》に発表《はっぴょう》した児童文学《じどうぶんがく》。アメリカ育《そだ》ちの少年《しょうねん》セドリックが、イギリス貴族《きぞく》の祖父《そふ》に引《ひ》きとられ、がんこでかたくなな祖父《そふ》の心《こころ》をときほぐしていくさまがえがかれている。

ていました。ばったがときどきとんできて、わたしの読書《どくしょ》のじゃまをしました。先生《せんせい》がそれをとってくださるあいだ、お話《はなし》が中断《ちゅうだん》するのももどかしかったことをおぼえています。

お昼《ひる》から夕方《ゆうがた》まで、先生《せんせい》はたっぷり読《よ》んでくださいました。

「ああ、もう指《ゆび》がつかれてしまったわ。今日《きょう》はこれくらいにしておきましょう。」

先生《せんせい》がそうおっしゃって、読《よ》むのをやめられたとき、自分《じぶん》で本《ほん》が読《よ》めないのが、つくづくくやしくなりました。

わたしは、先生《せんせい》がとじられた本《ほん》を手《て》にして、なんとか自分《じぶん》で読《よ》めないだろうかと、ページを何度《なんど》も指《ゆび》でさわってみました。しかし、点字《てんじ》ではありませんでしたから、ただ、すべすべしているだけでした。

そののち、わたしがあまり『小公子《しょうこうし》』の話《はなし》ばかりしていたものですから、アナグノス先生《せんせい》が、この長《なが》いお話《はなし》を、点字《てんじ》にしてくださいました。わたしはそれを、そらでおぼえてしまうほど、くりかえしくりかえし読《よ》みました。

それから2年《ねん》ほどのあいだに、ずいぶんたくさんの本《ほん》を読《よ》みました。全部《ぜんぶ》はおぼえていませんが、『ギリシャ英雄伝《えいゆうでん》』、ラ・フォンテーヌの『寓話《ぐうわ》』、ホーソーンの『ワンダー・ブック』、『聖書物語《せいしょものがたり》』、ラムの『シェークスピア物語《ものがたり》』、『アラビアン・ナイト』『ロビンソン・クルーソー』『若草物語《わかくさものがたり》』『アルプスの少女《しょうじょ》ハイジ』『スイスのロビンソン』『天路歴程《てんろれきてい》』などは、よくおぼえています。『天路歴程《てんろれきてい》』は、それほどおもしろく思《おも》えなくて、途中《とちゅう》でやめたように思《おも》います。ラ・フォンテーヌの『寓話《ぐうわ》』は、はじめ英語《えいご》で読《よ》み、あまりすきになれませんでした。動物《どうぶつ》が人間《にんげん》のように話《はな》したり、動《うご》いたりするのが、なんとなくいやだったのです。ところが、のちになってフランス語《ご》を勉強《べんきょう》し、もう一度《いちど》これを読《よ》みました。そして、その絵《え》のようにいきいきとした言葉《ことば》と、正《ただ》しく美《うつく》しいフランス語《ご》に感心《かんしん》したものです。しかし、それでも話《はなし》の内容《ないよう》そのものは、それほどすきになれませんでした。

それにくらべると、キップリングの『ジャングル・ブック』やシートンの『動物記《どうぶつき》』はすきです。動物《どうぶつ》そのものには心《こころ》から興味《きょうみ》を感《かん》じます。たとえその話《はなし》の中《なか》に教訓《きょうくん》があるとしても、それは『寓話《ぐうわ》』のようにではなく、読《よ》むものに感《かん》じられないうちに、しかも心《こころ》の奥深《おくふか》くにしみいる教訓《きょうくん》です。

それから、たいへんおかしなことですが、わたしは、『ギリシャ神話《しんわ》』ははじめからすきでした。ところが、聖書《せいしょ》は、意味《いみ》がわかるずっとまえから読《よ》んでいましたのに、子《こ》どものころは、なかなかすきになれませんでした。

それには、そのころ、子《こ》どもっぽい先入観《せんにゅうかん》があったからかもしれません。というのは、わたしはボストンで、何人《なんにん》かのギリシャの人《ひと》と知《し》りあいになっていました。ところが、ユダヤの人《ひと》や、エジプトの人《ひと》には、まったく会《あ》ったことがなかったのです。それで、なんとなく、子《こ》どものころはすきになれなかったようです。

しかし、そののちになって聖書《せいしょ》の中《なか》に発見《はっけん》した「喜《よろこ》び」は、なんといって説明《せつめい》してよいかわかりません。ほかのどんな本《ほん》ともちがったものです。

シェークスピアのものは、ラムの『シェークスピア物語《ものがたり》』を読《よ》んだときから、大人《おとな》になっても、ずっとすきです。

いちいちあげていってはきりがありません。とにかく、本《ほん》は、目《め》と耳《みみ》が不自由《ふじゆう》なわたしにも、すこしも分《わ》けへだてなく、話《はな》しかけてくれます。

わたしの楽《たの》しみ

本《ほん》のことをお話《はな》ししましたが、読書以外《どくしょいがい》に、わたしの楽《たの》しみはなにもなかったなどとお思《おも》いになってはこまります。わたしにも、たくさんの、いろいろな喜《よろこ》びや楽《たの》しみがありました。

小《ちい》さいころから、わたしはいなかがすきでした。そして、戸外《こがい》で遊《あそ》びまわるのがすきでした。

わたしはずいぶん早《はや》くから、ボートをこぐことをおぼえました。マサチューセッツ州《しゅう》のレンサムで夏《なつ》をすごしたときなど、ほとんどボートですごしたといっていいほどです。

もちろん、自分《じぶん》でかじをとることはできませんから、わたしがこいでいるときは、だれかが後《うし》ろにすわって、かじを動《うご》かしてくれるのです。しかし、ときには、かじなしで進《すす》めるときもあります。水草《みずくさ》や、すいれんや、岸《きし》に生《は》えている木《き》のかおりをたよりに、静《しず》かにボートを進《すす》めるのです。このときほど楽《たの》しいことはありません。

そんなときは、いつも革《かわ》のバンドのついたオールを使《つか》います。もしオールが外《はず》れても、流《なが》してしまう心配《しんぱい》がないようにしておくのです。

目《め》が見《み》えなくても、水《みず》の抵抗《ていこう》で、オールが正《ただ》しい角度《かくど》になっているかどうかがわかります。見《み》えなくても、聞《き》こえなくても、水《みず》の流《なが》れや波《なみ》の動《うご》きが、文字《もじ》どおり、手《て》にとるようにわかります。

カヌーもすきです。とくに、月夜《つきよ》の晩《ばん》にこぐのがすきだと言《い》ったら、みなさんはきっと、おわらいになるかもしれませんね。

もちろん、松《まつ》の木《き》の向《む》こうから空《そら》にのぼり、天《てん》を静《しず》かに横切《よこぎ》り、波《なみ》にくだける月《つき》の光《ひかり》を見《み》ることはできません。でも、ほんとうに月《つき》が出《で》ていることはわかるのです。

そんなとき、わたしは、いつもカヌーの中《なか》にねそべって、船《ふな》べりから手《て》を出《だ》して水《みず》にひたすのです。すると、月《つき》の光《ひかり》にふれていることがわかるのです。ときには、大胆《だいたん》な小魚《こざかな》が、わたしの指《ゆび》の間《あいだ》をすりぬけます。

せまい入《い》り江《え》や山《やま》のかげから、広《ひろ》く開《ひら》けた水面《すいめん》に出《で》ると、いつも、かすかなあたたかみが、わたしをつつむような気《き》がします。それが太陽《たいよう》にあたためられた木《き》から来《く》るのか、水《みず》から来《く》るのかは、どうしてもわかりません。

それと同《おな》じ感《かん》じは、町《まち》を歩《ある》いているときにも感《かん》じます。なんの音《おと》も聞《き》こえなくても、なんの光《ひかり》も見《み》えなくても、その町《まち》の通《とお》りが広《ひろ》いかせまいか、夜《よる》か昼《ひる》か、空《そら》があれもようか晴《は》れているか、わかるのです。

わたしは、自分《じぶん》の足《あし》で散歩《さんぽ》するのもすきですが、ふたり乗《の》りの自転車《じてんしゃ》で、ひと走《はし》りするのが大《だい》すきです。ふきつける風《かぜ》を顔《かお》に受《う》け、鉄《てつ》でできたこの馬《うま》の弾力《だんりょく》ある動《うご》きを全身《ぜんしん》に感《かん》じるとき、わたしの心《こころ》はおどります。

歩《ある》いて散歩《さんぽ》するときはもちろん、自転車《じてんしゃ》のときも、船《ふね》に乗《の》るときも、わたしはたいてい、犬《いぬ》をつれていきます。

犬《いぬ》の友《とも》だちは、ずいぶんたくさんいました。大《おお》きなマスチフ、目《め》つきのおとなしいスパニエル、森《もり》のすきなセッター、正直《しょうじき》なブルテリアなどです。

犬《いぬ》たちは、わたしの体《からだ》が不自由《ふじゆう》なことを知《し》っているらしく、わたしがひとりでいると、いつでもそばに来《き》てくれています。犬《いぬ》は全身《ぜんしん》でわたしに話《はな》しかけてくれます。

雨《あめ》で外《そと》に出《で》られないときは、わたしも、普通《ふつう》の女《おんな》の子《こ》と同《おな》じようなことをして遊《あそ》びます。あみものをしたり、手当《てあ》たりしだいに本《ほん》をとりだして、あっちの1ページ、こっちの1ページと、ひろい読《よ》みをするのです。ひろい読《よ》みが、いつのまにか長《なが》い読《どく》書《しょ》になってしまうこともあります。

友《とも》だちがいるときは、チェッカーやチェスをすることもあります。そのために、わたしは特製《とくせい》の板《いた》を持《も》っています。ます目《め》は、手《て》ざわりでよくわかるようにほりこまれ、穴《あな》をつくって、こまがたおれないようにしてあります。

こまの白《しろ》と黒《くろ》の別《べつ》は、白《しろ》を黒《くろ》より大《おお》きくつくってありますからわかります。

ひとりっきりで、なにもしたくないようなときには、トランプで、ひとりうらないをします。わたしの使《つか》うトランプは、右上《みぎうえ》のすみに、点字《てんじ》で、なんの札《ふだ》かわかるように、印《しるし》が打《う》ってあります。

子《こ》どもたちと遊《あそ》ぶのも大《だい》すきです。どんなに小《ちい》さな子《こ》どもでも、すぐわたしはなかよしになってしまいます。

子《こ》どもたちは、わたしを引《ひ》っぱって、いろんなところへつれていき、いろんなものを見《み》せてくれます。もちろん子《こ》どもたちは、手《て》でわたしと話《はなし》をすることはできません。わたしは子《こ》どもたちのくちびるを、苦心《くしん》して読《よ》みとります。子《こ》どもたちは、それがうまくいかないと、ジェスチャーで話《はな》します。わたしがそれを読《よ》みちがえると、子《こ》どもたちは大喜《おおよろこ》びです。そしてまた、はじめからジェスチャーのやりなおしです。それが子《こ》どもたちにも、とてもうれしいらしいのです。

わたしは、美術館《びじゅつかん》や、美術品《びじゅつひん》を売《う》る店《みせ》が大《だい》すきです。そこに行《い》くと、どんなときでもわたしの心《こころ》はなぐさめられます。

目《め》が見《み》えなくて、どうして美術品《びじゅつひん》の美《うつく》しさがわかるのだと、あやしむ方《かた》があるかもしれませんが、これはほんとうです。手《て》で直線《ちょくせん》や曲線《きょくせん》を静《しず》かにたどるとき、わたしは、芸術家《げいじゅつか》がえがきだそうとした思想《しそう》や感情《かんじょう》を、じかに指先《ゆびさき》から感《かん》じとることができます。

それは、生《い》きている人《ひと》の顔《かお》にふれて、その人《ひと》の愛情《あいじょう》や勇気《ゆうき》や、にくしみを感《かん》じとることができるのと同《おな》じです。わたしの部屋《へや》には、ホメロス〔3〕のメダリオン（円形《えんけい》の肖像額《しょうぞうがく》）がかかっています。それはわざわざ、いつでも手《て》のとどくひくいところにかけてあります。その額《ひたい》のしわにふれると、かれのたたかいと悲《かな》しみの生涯《しょうがい》が、わたし

〔3〕古代《こだい》ギリシャの詩人《しじん》。目《め》が不自由《ふじゆう》だったと伝《つた》えられるが、各地《かくち》を旅《たび》して『イリアス』『オデュッセイア』などの作品《さくひん》をのこした。

の心《こころ》につたわってきます。

わたしの生活《せいかつ》は、いろいろ不自由《ふじゆう》もありますが、普通《ふつう》の方《かた》がたとともに、同《おな》じように美《うつく》しいもの、楽《たの》しいことにふれることはできるのです。暗闇《くらやみ》と沈黙《ちんもく》のなかにも、無限《むげん》の美《うつく》しさを見《み》いだすことができるのです。

ベル博士《はくし》の思《おも》い出《で》

アレキサンダー・グラハム・ベル博士《はくし》のお話《はなし》をしましょう。

「美《うつく》しい思《おも》い出《で》というものは、人間《にんげん》がもつことのできる最高《さいこう》の富《とみ》である。」と言《い》った人《ひと》があります。博士《はくし》の思《おも》い出《で》こそ、わたしのもっとも大《おお》きな宝《たから》です。

世間《せけん》の人《ひと》びとは、ベル博士《はくし》といえば、すぐ電話《でんわ》を思《おも》いだすことでしょう。しかし、ろう者教育《しゃきょういく》につくされた博士《はくし》の仕事《しごと》は、電話《でんわ》の発明《はつめい》におとらず偉大《いだい》なものです。そして、わたしはそれにもまして、やさしく親切《しんせつ》な友《とも》だちとして、博士《はくし》を思《おも》いだします。

博士《はくし》こそわたしの恩人《おんじん》ですが、わたしは、恩人《おんじん》とか先生《せんせい》とかよぶよりも、「わたしのいちばん古《ふる》いお友《とも》だち」とよびたいと思《おも》います。

博士《はくし》は、まだサリバン先生《せんせい》が来《き》てくださるまえ、暗闇《くらやみ》の中《なか》にいるわたしに、温《あたた》かい手《て》をさしのべてくださった方《かた》です。サリバン先生《せんせい》がわたしのところへ来《き》てくださることになったのも、ベル博士《はくし》がパーキンス盲学校《もうがっこう》を紹介《しょうかい》してくださったからなのです。

ベル博士《はくし》の一家《いっか》は、ずいぶん昔《むかし》から、代々《だいだい》言葉《ことば》の研究《けんきゅう》をしてこられました。博士《はくし》の祖父《そふ》にあたる方《かた》は、どもりをなおす方法《ほうほう》を考《かんが》えだされた方《かた》です。

お父《とう》さんは、耳《みみ》の聞《き》こえない者《もの》が、相手《あいて》のくちびるを見《み》て話《はなし》を聞《き》く方法《ほうほう》を完成《かんせい》された方《かた》です。

そのお父《とう》さんは、息子《むすこ》のベル博士《はくし》に、

「すこしも金《かね》にならない仕事《しごと》だった。」

と言《い》っておられたそうですが、博士《はくし》には、それが電話《でんわ》の発明《はつめい》よりも、はるかに大事《だいじ》な仕事《しごと》だということは、ちゃんとおわかりになっていたのです。

ベル博士《はくし》は、とってもお父《とう》さん思《おも》いの方《かた》でした。博士《はくし》は、おいそがしくて、1日《にち》か2日《ふつか》お父《とう》さんにお会《あ》いにならないと、すぐに、

「どれ、おやじに会《あ》ってこよう。おやじと話《はな》すのは、強壮剤《きょうそうざい》を飲《の》むようなものだからな。」

そんな冗談《じょうだん》をおっしゃって、いそいそとお出《で》かけになりました。

博士《はくし》の小《ちい》さな家《いえ》は、ポトマック川《がわ》が海《うみ》に注《そそ》ぐところにありました。わたしたちがたずねると、おふたりはよく、なにもお話《はな》しにならずに、ただ静《しず》かにたばこをくゆらしながら、川《かわ》を上下《じょうげ》する船《ふね》やボートをながめていらっしゃることがありました。

そんなとき、どこかで聞《き》きなれない小鳥《ことり》が鳴《な》くと、

「お父《とう》さん、いまの声《こえ》は、どんな記号《きごう》で表《あらわ》しますか。」

と、博士《はくし》がおたずねになり、一生懸命《いっしょうけんめい》、その声《こえ》を口《くち》にして、くちびるの形《かたち》を研究《けんきゅう》し、ああでもない、こうでもないと、いつまでもおふたりで、発声学《はっせいがく》の研究《けんきゅう》に夢中《むちゅう》になられるということでした。

博士《はくし》は、どんな声《こえ》や音《おと》でも分析《ぶんせき》し、それを読唇法《どくしんほう》にとりいれられました。

ベル博士《はくし》は、お母《かあ》さんにもそれはやさしい方《かた》でした。わたしが知《し》りあいになったころには、もう、お母《かあ》さんはまったく耳《みみ》が聞《き》こえなくなっておられました。

ある日《ひ》、サリバン先生《せんせい》とわたしは、ベル博士《はくし》にドライブにつれていっていただいたことがありました。道々《みちみち》、わたしたちは、すいかずらやつつじを見《み》つけると、それをたくさんつみました。すると、帰《かえ》る途中《とちゅう》、博士《はくし》は、お母《かあ》さんのいらっしゃる別荘《べっそう》によって、

「庭《にわ》から入《はい》って、おやじとおふくろをおどろかせるんだ。」

そんなことを言《い》って、しのび足《あし》で入《はい》っていかれました。わたしたちもそのあとにつづきました。ところが、階段《かいだん》のところまで行《い》くと、

「静《しず》かに。ふたりとも、よくねむっているんだ。このまま帰《かえ》ろう。」

と、博士《はくし》はわたしのてのひらにおっしゃいました。わたしたちは、音《おと》を立《た》てないように、持《も》っていた花《はな》を全部《ぜんぶ》そこに生《い》けて帰《かえ》りました。目《め》にこそ見《み》えませんでしたが、や

さしい息子《むすこ》をもったお父《とう》さんとお母《かあ》さんの幸《しあわ》せそうな姿《すがた》を、ありありとわたしは思《おも》いうかべることができました。

その後《ご》も、博士《はくし》のご両親《りょうしん》をおたずねするのは、とても楽《たの》しみでした。おたくには、毎日《まいにち》たくさんの訪問客《ほうもんきゃく》がありました。お母《かあ》さんは耳《みみ》がまったく聞《き》こえないのに、はたの者《もの》が気《き》がつかないほど、冗談《じょうだん》までまじえて、じょうずにお話《はな》しになっていました。相手《あいて》のくちびるを見《み》て話《はな》しておられるのです。それほど、読唇法《どくしんほう》を自分《じぶん》のものにしておられたのです。


目《め》が見《み》え、耳《みみ》が聞《き》こえる方《かた》たちには、耳《みみ》が聞《き》こえず、ものも言《い》えないということが、どんなことだか、おわかりにならないかもしれません。わたしたちのまわりをとりかこむ静《しず》けさというものは、あの神経《しんけい》のつかれを休《やす》めてくれる静《しず》けさではないのです。

「おはよう。」という声《こえ》や、小鳥《ことり》の声《こえ》でやぶられる、そんなやさしい静《しず》けさではないのです。それは、他人《たにん》と自分《じぶん》をいっさい引《ひ》きはなし、とじこめる、残酷《ざんこく》な、あついかべのような静《しず》けさなのです。

ですから、昔《むかし》の、わたしのような人《ひと》たちには、どんなわずかな希望《きぼう》もありませんでした。そのかべをやぶってくださったのが、ベル博士《はくし》でした。そして、わたしのような者《もの》も、はじめて人類《じんるい》の楽《たの》しい社交《しゃこう》にくわわることができるようになったのです。

博士《はくし》はわたしに、科学《かがく》の話《はなし》をいろいろとしてくださいました。

大西洋《たいせいよう》に敷設《ふせつ》された海底電信《かいていでんしん》［4］ケーブルは、1866年《ねん》に完成《かんせい》するまで、幾度《いくど》も失敗《しっぱい》し、またそのために、たくさんの命《いのち》がうしなわれたということです。

そのお話《はなし》を聞《き》いたのは、わたしがまだ12歳《さい》のころですが、わたしは、おとぎ話《ばなし》を聞《き》くときのように、一生懸命《いっしょうけんめい》その話《はなし》を聞《き》きました。深《ふか》い深《ふか》い海底《かいてい》をつたわって、東洋《とうよう》へ、西洋《せいよう》へ、言葉《ことば》がとんでいくということを聞《き》かされて、わたしは、胸《むね》をおどらせた

［4］文字《もじ》や図《ず》などを電気信号《でんきしんごう》にかえて、やりとりする通信《つうしん》。

ものです。

チャールズ・ダーウィンという名前《なまえ》を、はじめてわたしに教《おし》えてくださったのも、ベル博士《はくし》でした。

「そのダーウィンという方《かた》は、なにをなさった方《かた》ですか。」

わたしはたずねました。

「この人《ひと》は、19世紀《せいき》の奇跡《きせき》を行《おこな》った人《ひと》です。」

と、博士《はくし》はお答《こた》えになりました。そして、ダーウィンの『種《しゅ》の起源《きげん》』〔5〕について、いろいろ説明《せつめい》してくださいました。

博士《はくし》は、電話《でんわ》が実用化《じつようか》された最初《さいしょ》の建物《たてもの》を見《み》せてくださったとき、

「もし、わたしの仕事《しごと》を手《て》つだってくれたトーマス・ワトソン君《くん》がいなかったら、この発明《はつめい》はとても完成《かんせい》しなかっただろう。」

とおっしゃいました。

「電話《でんわ》がはじめて通《つう》じたとき、どんな話《はなし》をなさったのですか。」

わたしがたずねました。

「『ワトソン君《くん》、ちょっと来《き》てくれ。』と言《い》ったのですよ。」

なあんだと、わたしは思《おも》いました。それで、

「はじめての通話《つうわ》なら、もっと意味《いみ》ぶかい話《はなし》をなさればよかったのに。」

と言《い》いました。すると、博士《はくし》は、

「ヘレン、電話《でんわ》でいちばんたくさん使《つか》われる言葉《ことば》は、この、『用《よう》があるから、ちょっと来《き》てくれ。』なんだよ。電話《でんわ》は、そのためにあるんだよ。」

とおっしゃいました。

しかし、不思議《ふしぎ》なことに、博士《はくし》はご自分《じぶん》の部屋《へや》に、電話《でんわ》をおいていらっしゃいませんでした。


［5］1859年《ねん》に出版《しゅっぱん》され、進化論《しんかろん》を打《う》ちたてた書物《しょもつ》。進化論《しんかろん》とは、生物《せいぶつ》は、体《からだ》のしくみが環境《かんきょう》により合《あ》うように、代《だい》を重《かさ》ねるごとに進化《しんか》していったとする学説《がくせつ》。

わたしはそれが不思議《ふしぎ》で、たずねてみました。すると博士《はくし》は、

「外《そと》のごたごたした用件《ようけん》を、家庭《かてい》にまでもちこみたくないからさ。」

と言《い》われました。

世間《せけん》の人《ひと》びとが、博士《はくし》の偉大《いだい》な発明《はつめい》をほめたたえると、博士《はくし》はいつもおっしゃるのでした。

「どんなに電話《でんわ》の機械《きかい》がすぐれているといっても、人間《にんげん》の言葉《ことば》を、ホメロスやシェークスピアのように、あんなに遠《とお》くまでつたえることはできないよ。」

ある夕方《ゆうがた》のことでした。わたしたちは、博士《はくし》といっしょに、1本《ぽん》の電信柱《でんしんばしら》のそばに立《た》って、電車《でんしゃ》の来《く》るのを待《ま》っていました。すると博士《はくし》は、ふと、わたしの手《て》をとって、

「さわってごらん。わかるかね。」

と、電信柱《でんしんばしら》におしつけられました。

わたしはそれまで、ついぞ電信柱《でんしんばしら》に手《て》をふれたことはありませんでしたので、びっ

くりしました。

「いつも、こんなふうに、ブーンブーン、うなっているのですか。」

「そうなんだよ。真夜中《まよなか》でもね。年中《ねんじゅう》、ブーンブーンとうなってるんだよ。これはね、人生《じんせい》の物語《ものがたり》を歌《うた》っている声《こえ》なんだよ。人生《じんせい》というものは休《やす》むことがないからね。」

そして、博士《はくし》は、どんなふうにして電線《でんせん》がはられ、電流《でんりゅう》が外《そと》にもれないようになっているか、いろいろと話《はな》してくださいました。

「この柱《はしら》の上《うえ》にある電線《でんせん》は、人《ひと》が生《う》まれたり、死《し》んだり、戦争《せんそう》が起《お》こったり、会社《かいしゃ》がつぶれたり、もうけたり、失敗《しっぱい》したり、成功《せいこう》したりということを、たえず電信局《でんしんきょく》から電信局《でんしんきょく》に、そして世界中《せかいじゅう》につたえているんだよ。柱《はしら》に手《て》をおいていると、わたしには、わらい声《ごえ》や、泣《な》き声《ごえ》や、けんかしたり、なかなおりしたりしている人間《にんげん》のようすが、手《て》にとるように聞《き》こえてくるんだよ。」

博士《はくし》は、どんなにむずかしい科学的《かがくてき》なお話《はなし》でも、まるでおとぎ話《ばなし》か、美《うつく》しい詩《し》のようにお話《はな》しになるのでした。

また、こんなこともありました。

あるとき、わたしは、博士《はくし》と雨《あめ》のふるなかを歩《ある》いていました。すると、博士《はくし》はおっしゃいました。

「雨《あめ》のふる日《ひ》、木《き》の幹《みき》にさわってみたことがあるかね。」

そして、電信柱《でんしんばしら》のときと同《おな》じように、わたしの手《て》をとって、そっと木《き》の幹《みき》に当《あ》てられました。

「あっ……。」

わたしはそう言《い》ったきり、いま手《て》に感《かん》じたものを言《い》いあらわすこともできませんでした。博士《はくし》も、なにも説明《せつめい》なさいませんでした。

その木《き》からわたしの手《て》につたわったものは、なんともいえない、やさしい声《こえ》でした。木《こ》の葉《は》がみんなで、楽《たの》しくおしゃべりしあっているようなひびきでした。

それ以来《いらい》、わたしは雨《あめ》がふると、いつも木《き》のはだにさわってみるのです。それは、小枝《こえだ》や葉《は》をつたって流《なが》れおちる真珠《しんじゅ》のような水玉《みずたま》の歌《うた》でしょうか、まるで、小鬼《こおに》がわ

らっているような、不思議《ふしぎ》な声《こえ》を聞《き》くのです。

ニューヨークとサンフランシスコの間《あいだ》に電話《でんわ》が開通《かいつう》してまもなく、わたしは、博士《はくし》にお会《あ》いしたことがありました。

もうそのころ、電話《でんわ》は国中《くにじゅう》いたるところに通《つう》じていました。博士《はくし》はニューヨークにおられ、ワトソンさんはサンフランシスコにいらっしゃいました。そして、その最初《さいしょ》の長距離電話《ちょうきょりでんわ》の話《はなし》も、やはり、

「ワトソン君《くん》、用事《ようじ》があるから、ちょっと来《き》てくれないか。」

でした。そのとき、博士《はくし》はわらいながら、おっしゃいました。

「話《はなし》は通《つう》じたが、さすがにすぐとんでくるというわけにいかないね。だが、そのうちに、大陸《たいりく》と大陸《たいりく》との間《あいだ》でも、5~6時間《じかん》でやってこられるときが来《く》ると思《おも》うよ。」

あのリンドバーグ[6]が、大西洋横断飛行《たいせいようおうだんひこう》に成功《せいこう》したとき、わたしがまっ先《さき》に思《おも》いだしたのは、ベル博士《はくし》のこの言葉《ことば》でした。

博士《はくし》は、電話《でんわ》の発明《はつめい》ばかりを世間《せけん》がさわぎたてるのを、とてもなさけながっておられました。わたしの手《て》に、こんなことをおっしゃったことがありました。

「世《よ》の中《なか》の人間《にんげん》は、わたしが電話《でんわ》の発明以外《はつめいいがい》には、なんにもしなかったとでも考《かんが》えているらしい。わたしも、電話《でんわ》の発明《はつめい》では、お金《かね》をもうけたからね。それでみんな、わたしのことをさわいでいるんだよ。お金《かね》さえもうかれば成功《せいこう》したと思《おも》うなんて、ほんとうに気《き》のどくなことだ。わたしはそれより、口《くち》のきけない人《ひと》が、もっと楽《らく》に口《くち》がきけるようになれたら、どんなにいいだろうと思《おも》っているんだよ。それができたら、わたしはほんとうに幸福《こうふく》になれただろうにね……。」

そのとき、わたしたちのまわりには、博士《はくし》に握手《あくしゅ》をもとめてきた人《ひと》がたくさんいた

［6］1902〜1974年《ねん》。アメリカの飛行家《ひこうか》。1927年《ねん》、スピリット・オブ・セントルイス号《ごう》に乗《の》ってアメリカのニューヨークとフランスのパリの間《あいだ》をとび、世界《せかい》ではじめて、一度《いちど》も着陸《ちゃくりく》せずに大西洋《たいせいよう》を横断《おうだん》することに成功《せいこう》した。

のです。そしてその人《ひと》たちは、博士《はくし》にとっては、きっと、あまりこのましい人《ひと》びとではなかったのでしょう。

しかし、博士《はくし》とわたしは、指《ゆび》とてのひらで話《はなし》をしていましたので、だれにも聞《き》こえる心配《しんぱい》はありませんでした。

博士《はくし》はとてもおいそがしい方《かた》でした。わたしは長《なが》くお会《あ》いできないときには、よく手紙《てがみ》を出《だ》しました。けっして、返事《へんじ》をいただくつもりはなかったのですが、いつもすぐに返事《へんじ》をくださいました。

また、わたしがなにか書《か》くと、かならず読《よ》んでくださって、いろいろと批評《ひひょう》を書《か》きおくってくださいました。そして、それには、いつもわたしを、あわれな者《もの》としてではなく、一人前《いちにんまえ》の人間《にんげん》として、対等《たいとう》に接《せっ》する言葉《ことば》がつづられていました。

わたしが、『わたしの住《す》む世界《せかい》』という本《ほん》をお送《おく》りしたときには、すぐにこんな返《へん》事《じ》をくださいました。

宇宙《うちゅう》の問題《もんだい》について、あなたにはろくなことが言《い》えないだろうなどと考《かんが》えている人《ひと》びとの仲間《なかま》に、わたしまで入《い》れないでください。

わたしは、税金《ぜいきん》のことや、国《くに》のことや、また、さまざまなこの世《よ》に起《お》こる事件《じけん》について、あなたの意見《いけん》を聞《き》きたいと思《おも》っています。あなたが、自分《じぶん》という小《ちい》さなからにつつまれた世界《せかい》から、広《ひろ》い世界《せかい》に出《で》て、いろんなことを考《かんが》え、書《か》いてほしいと思《おも》います。

あなただけの世界《せかい》をのぞかせてもらうのは、たしかにわたしにもおもしろいことです。それだけに、外《そと》の世界《せかい》のことも、どういうふうに考《かんが》えているのか、知《し》りたくなるのです……。

やさしいなかにも、きびしいはげましのある言葉《ことば》でした。

『石《いし》のかべの歌《うた》』という、わたしの詩集《ししゅう》が出《で》たときには、

――あなたが、美《び》と音楽《おんがく》の世界《せかい》から追放《ついほう》されている人間《にんげん》でないことがもう一度《いちど》わかって、たいへんうれしい。――

と書《か》きおくってくださいました。

こんなにきびしくわたしをはげましてくださった方《かた》は、ベル博士《はくし》のほかにはありませんでした。

大学《だいがく》の卒業《そつぎょう》が間近《まぢか》にせまっていたころのことです。博士《はくし》は、卒業《そつぎょう》したらなにをするかとおたずねになりました。

「卒業《そつぎょう》したら、サリバン先生《せんせい》とふたりで、人里《ひとざと》はなれたところに住《す》み、静《しず》かにものを書《か》いてくらしたいと思《おも》います。」

と、わたしは答《こた》えました。

すると、博士《はくし》は、言《い》われました。

「あなたのこれからの仕事《しごと》を決《き》めるのは、あなたではないんだよ。わたしたちは、ただ宇宙《うちゅう》を支配《しはい》している大《おお》きな力《ちから》の道具《どうぐ》にすぎないのだ。いいかい、ヘレン。自分《じぶん》をひとつの型《かた》にはめてしまってはいけないんだよ。本《ほん》を書《か》くのもいいだろう。演説《えんぜつ》してまわるのもいいだろう。なにかを研究《けんきゅう》するのもいいと思《おも》う。できるだけ多《おお》くのことをしてごらん。あなたがひとつでも多《おお》くの仕事《しごと》をすれば、それだけ、世《よ》の中《なか》にいる目《め》の見《み》えない人《ひと》や、耳《みみ》の聞《き》こえない人《ひと》を助《たす》けることになるのだよ。」

わたしが最後《さいご》にベル博士《はくし》にお会《あ》いしたのは、博士《はくし》がスコットランドからお帰《かえ》りになったときでした。——博士《はくし》は、ほとんどアメリカ人《じん》のようにすごしておられましたが、元《もと》はスコットランドのお方《かた》だったのです。——どうしてか、このときわたしは、博士《はくし》のようすに、なにかさびしいものを感《かん》じました。

1920年《ねん》のことだったと思《おも》います。ヨーロッパの第一次世界大戦《だいいちじせかいたいせん》[7]がようやく終《お》わったばかりでした。

[7] 1914年《ねん》、ドイツを中心《ちゅうしん》とする同盟国軍《どうめいこくぐん》と、フランスやイギリスを中心《ちゅうしん》とする連《れん》合国軍《ごうこくぐん》の間《あいだ》で起《お》こった戦争《せんそう》。1918年《ねん》にドイツが降伏《こうふく》して戦争《せんそう》は終《お》わった。

「スコットランドにいても、なんだか外国《がいこく》へ行《い》っているようで、早《はや》くアメリカへ帰《かえ》りたかったんだよ。」

とおっしゃっていました。大戦《たいせん》は博士《はくし》のたましいにも、深《ふか》いきずあとをのこしていたのです。

そのとき、これからは飛行機《ひこうき》の製作《せいさく》に努力《どりょく》したいと思《おも》っているともおっしゃいました。

「10年《ねん》もしないうちに、ニューヨークとロンドンの間《あいだ》には航空路《こうくうろ》が開《ひら》けるだろう。大《おお》きなビルの屋上《おくじょう》には、格納庫《かくのうこ》がもうけられて、自動車《じどうしゃ》と同《おな》じように、飛行機《ひこうき》が使《つか》われるにちがいないのだ……。」

こんな話《はなし》もなさいました。

また博士《はくし》は、学者《がくしゃ》たちが、そのうちに、熱帯地方《ねったいちほう》の空気《くうき》をひやす方法《ほうほう》や、熱帯地方《ねったいちほう》の熱《あつ》い空気《くうき》を寒《さむ》い地方《ちほう》にはこぶ方法《ほうほう》を発明《はつめい》するだろうなどともおっしゃいました。熱《ねっ》帯地方《たいちほう》の海《うみ》の底《そこ》には、北極《ほっきょく》や南極《なんきょく》から、氷《こおり》のようにつめたい海水《かいすい》が流《なが》れているので、それを表面《ひょうめん》にうきださせるようにすると、世界中《せかいじゅう》はもっともっと、住《す》みやすい国《くに》になるというのです。

博士《はくし》の不思議《ふしぎ》な予言《よげん》を聞《き》いていると、いつのまにかわたしの心配《しんぱい》は消《き》えさり、明《あか》るい希望《きぼう》に心《こころ》はおどるのでした。

しかし、どうしたというのでしょう。お別《わか》れするときには、なんだかもう、これきりお会《あ》いできないような気《き》がしてなりませんでした。

はたして、2年後《ねんご》、1922年《ねん》8月2日《がつふつか》、博士《はくし》はこの世《よ》に別《わか》れをつげられました。わたしはそれを新聞《しんぶん》で知《し》りました。

しかし、博士《はくし》はいまも、わたしの中《なか》に生《い》きていてくださいます。

マーク・トウェインの思《おも》い出《で》

マーク・トウェイン、ほんとうのお名前《なまえ》は、サミュエル・ラングホーン・クレメンズです。わたしがクレメンズさんにはじめてお会《あ》いしたのは、14歳《さい》のときでした。それ以来《いらい》、ベル博士《はくし》とサリバン先生《せんせい》のほかには、これほどわたしを愛《あい》し、はげましてくださった方《かた》はありません。

それはある日曜日《にちようび》の午後《ごご》でした。サリバン先生《せんせい》とわたしが、ニューヨークにおられるローレンス・ハットンという方《かた》のおたくにまねかれて行《い》ったときのことでした。そこには、わたしたちのほかにも、幾人《いくにん》かの有名《ゆうめい》な方《かた》ががお見《み》えになっていました。クレメンズさんは、そのなかのおひとりだったのです。

わたしは、手《て》をにぎりあったそのときから、もうこの方《かた》は、わたしの友《とも》だちになってくださる方《かた》だな、ということがわかりました。

わたしは、クレメンズさんのくちびるに手《て》をふれてお話《はなし》を聞《き》きました。なんのお話《はなし》だったか、わすれましたが、とにかくたいへんおもしろいことをおっしゃって、最初《さいしょ》から、わたしをわらわせてくださったのをおぼえています。

クレメンズさんは、目《め》が見《み》えず、耳《みみ》も聞《き》こえないということが、ほかの人《ひと》びととちがって、どんな気持《きも》ちのするものであるかということを、よく知《し》っていてくださいました。

そういうことは、なんでもないことのようですが、ほかの方《かた》がたには、なかなかわかりにくいことです。よく、

「目《め》が見《み》えなくて悲《かな》しいでしょう。」

とか、

「いつも暗《くら》がりの中《なか》に住《す》んでいるのでは、生《い》きていてもかいがないでしょう。」

などと言《い》われて、どうお返事《へんじ》してよいかわからないときがあるのです。クレメンズさんは、けっしてそんなことはおっしゃいませんでした。

クレメンズさんは、いつもわたしの心《こころ》に愛《あい》と勇気《ゆうき》をえがき、わたしに生《い》きがいを感《かん》じさせてくださいました。

あるとき、手《て》におえないおせっかいの友人《ゆうじん》が、こんなことを言《い》いました。

「ヘレン・ケラーさんは、日中《にっちゅう》だってなにも見《み》えるじゃなし、夜《よる》は夜《よる》で、昼《ひる》とちっと

もかわらないときちゃ、実際《じっさい》つまんないだろうな。」

　すると、クレメンズさんは、

「ばかなことを言《い》うもんじゃない。目《め》が見《み》えないってことも、なかなかおもしろいものなんだぞ。そうじゃないと思《おも》うなら、ためしてみるがいい。自分《じぶん》の家《いえ》が火事《かじ》になった暗《くら》い晩《ばん》に、ベッドからかべぎわのほうへおりて、戸口《とぐち》ににげようとしてみたまえ。」

とおっしゃいました。この一言《ひとこと》で、友人《ゆうじん》はだまってしまいました。

　クレメンズさんは、自分《じぶん》をいつも皮肉《ひにく》やだと言《い》っておられました。でも、いわゆる皮肉《ひにく》やさんのように、卑劣《ひれつ》な、見《み》て見《み》ぬふりをするようなことは、けっしてありませんでした。よくこんなことをおっしゃいました。

「ヘレンさん、この世《よ》の中《なか》には、うつろで、どんよりとした、たましいのぬけた、なんにも見《み》えない目《め》というものもあるんですよ……。」

　悪《わる》いということがわかっていながら、だまっているような人《ひと》を見《み》ると、クレメンズさんは、もうがまんがならないような方《かた》でした。

サリバン先生《せんせい》のことを、ほんとうにほめてくださったのも、クレメンズさんでした。

皮肉《ひにく》やで、荒《あら》っぽいように見《み》えて、クレメンズさんほどよく気《き》がつき、やさしい方《かた》はいらっしゃいません。亡《な》くなられた奥《おく》さまのことを、わたしはぞんじあげませんでしたが、クレメンズさんは、それをいつも、とても残念《ざんねん》がっていらっしゃいました。

「お客《きゃく》が帰《かえ》ったあと、たったひとりで炉《ろ》ばたにすわっていると、たまらなくさびしくなることがあるよ……。」

よくそうおっしゃって、奥《おく》さまのことを話《はな》してくださいました。

奥《おく》さまが亡《な》くなられた次《つぎ》の年《とし》でした。

「こんなに悲《かな》しかった年《とし》は、いままでにありませんでした。仕事《しごと》が気《き》をまぎらせでもしてくれなければ、わたしはとても生《い》きているかいがないと思《おも》えてくるんですよ。」

「そんなことをおっしゃるものではありませんわ。世界中《せかいじゅう》の人《ひと》が、マーク・トウェインをあがめているではありませんか。あなたの名《な》は、わが国《くに》の歴史《れきし》にのこる偉大《いだい》な人《ひと》びとと同列《どうれつ》にならんでいるのですよ。バーナード・ショーは、あなたの作品《さくひん》をボルテールとくらべ、キップリングは、アメリカのセルバンテスだとよんでいるではありませんか。」

わたしが申《もう》しあげました。

「ヘレン、そんなにおだてるもんじゃないよ。きみにはまだよくわかっちゃいないんだ。わたしはただ世間《せけん》の人《ひと》をわらわせただけだ。そして、そのわらいにわたしはおぼれてしまった……。」

しかし、それはちがいます。自国《じこく》の文学史《ぶんがくし》に名《な》をのこす文学者《ぶんがくしゃ》というものがありす。マーク・トウェインもそのひとりです。わたしたちが、「偉大《いだい》なアメリカ人《じん》」を考《かんが》えるとき、まっ先《さき》にマーク・トウェインを思《おも》いだすほどです。

『わたしの住《す》む世界《せかい》』というわたしの本《ほん》が出《で》たときのことです。まるで電報《でんぽう》のような手紙《てがみ》が来《き》ました。

「われ、なんじらに、ただちに来《きた》りて、ストームフィールドにて、数日《すうじつ》をわれとともにすごさんことを命《めい》ず。」

というのです。それはまるで、おしたいしている王《おう》さまから、命令《めいれい》をいただいているようなものでした。わたしたちはもちろん、その命令《めいれい》にしたがいました。

駅《えき》には馬車《ばしゃ》が出《で》むかえておりました。たしかそれは、まだ寒《さむ》い2月《がつ》のことだったと思《おも》います。コネチカットの山々《やまやま》には、うっすらと雪《ゆき》がかかっていました。ストームフィールドまで、8キロメートルばかりのドライブは、楽《たの》しいものでした。木《こ》の葉《は》には小《ちい》さなつららがさがっていて、手《て》をあげるとつめたくさわりました。杉《すぎ》や松《まつ》の間《あいだ》をふきぬけてくる風《かぜ》には、高《たか》いかおりがありました。

馬車《ばしゃ》が曲《ま》がりくねったいなか道《みち》をのぼりつづけ、ようやくおかの上《うえ》にのぼりきろうとしたとき、

「あっ、クレメンズさんが、ベランダに出《で》て待《ま》っていてくださいますわ。」

サリバン先生《せんせい》が教《おし》えてくださいました。わたしはそのほうに、一生懸命《いっしょうけんめい》手《て》をふりました。

暖炉《だんろ》にはゴーゴーと火《ひ》がもえていました。わたしたちはまずそこで、かおりのいい紅茶《こうちゃ》をすすって、体《からだ》を温《あたた》めました。

「こんなに寒《さむ》いのに、帽子《ぼうし》もおかぶりにならないで、ベランダにお出《で》になってはいけませんわ。」

わたしは、わざわざベランダに立《た》って、遠《とお》くからわたしたちの来《く》るのを待《ま》っていてくださったことを感謝《かんしゃ》するつもりで言《い》いました。すると、なんだかさびしそうに、

「このごろは、わたしがどんなことをしても、注意《ちゅうい》してくれる者《もの》がいませんので……。」

などとおっしゃるのでした。

お茶《ちゃ》がすむと、

「うちに来《く》る客《きゃく》は、たいていわたしよりも、家《いえ》のほうをおもしろがって見《み》ますのでね。まず、家《いえ》からご案内《あんない》しましょうかね。」

そう言《い》って、家《いえ》を案内《あんない》してくださいました。

居間《いま》につづいて、日当《ひあ》たりのよい廊下《ろうか》があって、たくさんの鉢植《はちう》えがならんでいました。食堂《しょくどう》を通《とお》りぬけて、庭《にわ》に出《で》て、また家《いえ》に入《はい》り、玉《たま》つき台《だい》のある部屋《へや》にもどりました。

クレメンズさんは、玉《たま》つき［8］がたいへんおすきでした。

「ヘレンさん、玉《たま》つきを教《おし》えてあげようか。」

「玉《たま》をつくには、目《め》が見《み》えないとだめではありませんか。」

「なるほど、そういえばそうかもしれないな。でも、ここへ玉《たま》つきに来《く》る連中《れんちゅう》よりは、目《め》が見《み》えなくても、あなたのほうがずっとじょうずにつけますよ。」

そんな冗談《じょうだん》をおっしゃりながら、わたしたちを2階《かい》に案内《あんない》して、大《おお》きな窓《まど》から外《そと》の景色《けしき》をながめさせてくださいました。

「いまわたしたちのいるところは、雪《ゆき》の積《つ》もったおかの上《うえ》。向《む》こうに、こんもりとしげったもみの林《はやし》と、からまつの林《はやし》があって、その上《うえ》に、遠《とお》くの雪《ゆき》の積《つ》もった山《やま》が見《み》える。さらにその上《うえ》には、どんよりと冬《ふゆ》の空《そら》がある……。」

まるでわたしが自分《じぶん》でながめているように、外《そと》の景色《けしき》を説明《せつめい》してくださいました。居間《いま》にもどって、暖炉《だんろ》の上《うえ》をさわると、燭台《しょくだい》があり、そこに1枚《まい》のカードがぶらさがっていました。なんだろうと思《おも》ってさわっていると、クレメンズさんは、

「ああ、それですか。それには、うちにある貴重品《きちょうひん》のありかを記入《きにゅう》してあるのですよ。」

とおっしゃいました。それがどういう意味《いみ》なのか、わたしにはわかりませんでした。すると、また説明《せつめい》してくださいました。

「ついせんだって、夜中《よなか》に強盗《ごうとう》が入《はい》りましてね。わたしを起《お》こして、『金《かね》はどこだ、ダイヤはないか。』などと、貴重品《きちょうひん》のあるところを聞《き》くんですよ。今度《こんど》強盗《ごうとう》が来《き》ても、夜中《よなか》に起《お》こされないですむように、そうして灯《あか》りのそばに、あり場所《ばしょ》を書《か》きつけ

[8] 室内《しつない》ゲームのひとつ。大《おお》きな長方形《ちょうほうけい》の台《だい》の上《うえ》に、いくつかの玉《たま》をおき、キュー（棒《ぼう》）でついてほかの玉《たま》に当《あ》てる。ビリヤードともいう。

てあるんですよ。」

真面目《まじめ》な顔《かお》をしておっしゃるのでした。

また、こんなこともおっしゃいました。

「うちには、額《がく》というものは一枚《いちまい》もかかっていないんですよ。この家《いえ》には、額《がく》なんていらないんです。どんな画家《がか》だって、この家《いえ》の窓《まど》から見《み》た景色《けしき》より、美《うつく》しい絵《え》をかくことはできませんからな。」

クレメンズさんはときどき、まるでいたずらっ子《こ》のようにふるまわれます。食事《しょくじ》のときがたいへんでした。

クレメンズさんのおたくでは、料理《りょうり》よりも会話《かいわ》が大切《たいせつ》みたいです。この家《いえ》では、お客《きゃく》はなにもしゃべらなくてよいことになっていました。クレメンズさんは、よそへおよばれに行《い》って、なにかお話《はな》ししなければならないだろうなと考《かんが》えながら食《た》べるごちそうほど、まずいものはないとおっしゃるのです。ですから、自分《じぶん》がお客《きゃく》をよんだときは、みんながしゃべらなくてよいように、ご自分《じぶん》ひとりで、次《つぎ》から次《つぎ》とお話《はな》しになるのでした。

おまけに、食事中《しょくじちゅう》でも、なかなかじっとしていられないたちらしく、なにか言《い》いかけては立《た》って、食卓《しょくたく》のまわりを回《まわ》ったり、なにかほしいものはないかとたずねたり、それはいそがしいのです。

わたしがクレメンズさんのお話《はなし》を、サリバン先生《せんせい》に手《て》につづってもらっているのを見《み》つけると、さっそく、

「先生《せんせい》、先生《せんせい》は、ヘレンの左《ひだり》の手《て》に書《か》いてでも教《おし》えることができるのですか。」

などと、子《こ》どものようなことをおっしゃるのです。

また、わたしの感覚《かんかく》をためすために、そっと部屋《へや》をぬけだして、となりの部屋《へや》にある自動《じどう》オルガンを鳴《な》らしたりなさいました。そして、また足音《あしおと》をしのばせて部屋《へや》にもどり、じっと、わたしがそれを感《かん》じるかどうか、見《み》ておられるのでした。

サリバン先生《せんせい》は、クレメンズさんのそのかっこうがおかしくて、わらいをこらえるのに苦労《くろう》したと、あとで説明《せつめい》してくださいました。

床《ゆか》がタイルだったものですから、空気《くうき》を通《とお》してつたわる音《おと》はわかりませんでした。しかし、オルガンの美《うつく》しい和音《わおん》の震動《しんどう》は、ときどきテーブルを通《とお》して感《かん》じることができました。クレメンズさんは、それを見《み》ると、ほっとしたように、また食卓《しょくたく》におつきになるのでした。

あくる日《ひ》は、わたしたちを、楽《たの》しい散歩《さんぽ》につれていってくださいました。そして、その夜《よ》は、ご自分《じぶん》の書《か》かれた作品《さくひん》を、わざわざ自分《じぶん》で読《よ》んで、わたしに聞《き》かせてくださいました。

なにもかも、うれしいことばかりでした。そして、さりげなくおっしゃったお話《はなし》、大真面目《おおまじめ》になさる冗談《じょうだん》、どれもこれも、わたしの心《こころ》を豊《ゆた》かにしてくれました。

クレメンズさんは、目《め》の見《み》えない、耳《みみ》の聞《き》こえないわたしがそこにいるということなど、まったく気《き》がつかないというようにふるまいながら、それでいて、ひじょうに細《こま》かく、わたしのことを考《かんが》えていてくださるのでした。わたしには、それがよくわかりました。

そんな友情《ゆうじょう》を感《かん》じるときほど、幸福《こうふく》なことはありませんでした。わたしたちが別《わか》れをつげるとき、クレメンズさんは、またベランダに立《た》って、わたしたちの馬車《ばしゃ》が見《み》えなくなるまで見送《みおく》ってくださいました。それが、クレメンズさん、マーク・トウェインとの最後《さいご》のお別《わか》れとなりました。

わたしの進《すす》むべき道《みち》

話《はなし》は前後《ぜんご》しますが、わたしは大学《だいがく》で学《まな》んでいるころから、いま自分《じぶん》の受《う》けている教育《きょういく》を、将来《しょうらい》どのように役立《やくだ》てるべきだろうかと、いつも考《かんが》えておりました。(きっと、この世《よ》の中《なか》に、なにかひとつ、わたしでなければできないものがあるにちがいない。)

そうは考《かんが》えているのですが、いざそれがなんだろうということになると、わからなくなってしまうのです。

友《とも》だちが、いろんな計画《けいかく》を立《た》ててくれたこともありました。ラドクリフ大学《だいがく》にまだ在学《ざいがく》しているときのことです。

ある友人《ゆうじん》は、わたしが苦労《くろう》して本《ほん》を読《よ》み、研究《けんきゅう》に貴重《きちょう》な時《とき》をついやしているのは、むだなことだと忠告《ちゅうこく》してくれました。わたしがそんな学問《がくもん》をしても、だれの役《やく》にも立《た》たないというのです。それよりも、わたしと同《おな》じように、目《め》が見《み》えなかったり、耳《みみ》の聞《き》こえない子《こ》どもたちのためにはたらいたほうが、人類全体《じんるいぜんたい》の利益《りえき》になるだろうと言《い》うのです。

その友人《ゆうじん》は、さらにつけくわえて言《い》うのでした。

「それこそ、神《かみ》さまがあなたにおあたえになった天職《てんしょく》です。あなたはそれにしたがう義務《ぎむ》があると思《おも》います。」

そのためにいるお金《かね》のことは、なんとでもするから、わたしにまかせてほしいとも言《い》いました。

サリバン先生《せんせい》とわたしは、せめて大学《だいがく》を出《で》てしまうまで待《ま》ってほしいと答《こた》えたのですが、その人《ひと》はいっこうに聞《き》いてくれそうにありませんでした。

そして、とうとうある晩《ばん》、ケンブリッジのわたしたちの家《いえ》にとまりこんで、何時間《なんじかん》も、わたしたちを説得《せっとく》するために演説《えんぜつ》をぶちはじめました。はじめは議論《ぎろん》もしましたが、サリバン先生《せんせい》もわたしも、しまいにはつかれてしまい、だまっていました。

ですから、もうてっきり、その人《ひと》も降参《こうさん》したものだと思《おも》いこんで、床《とこ》につきました。

ところがその人《ひと》は、あくる朝《あさ》、わたしたちがまだねているうちに家《いえ》を出《で》て、ニューヨークとワシントンに出発《しゅっぱつ》していました。そして、いろんな方《かた》がたに、ヘレン・ケラーがこれこれこういう事業《じぎょう》を始《はじ》めようとしていると、ふれてまわったのでした。グラハム・ベル博士《はくし》をはじめ、ローレンス・ハットン夫人《ふじん》、ハーセン・ローズ氏《し》など、いつもわたしたちのことを心配《しんぱい》していてくださる方《かた》たちのところへ回《まわ》って、わたしがいかに盲《もう》ろう児童《じどう》をすくうために責任《せきにん》を感《かん》じているかというようなことを、説《と》いてまわったのでした。

ハットン夫人《ふじん》からは、すぐに手紙《てがみ》が来《き》て、本心《ほんしん》を聞《き》きたいから、すぐにニューヨークに来《く》るようにということになりました。

夫人《ふじん》にはこれまでにも、わたしの進《すす》むべき道《みち》について、手紙《てがみ》でいろいろ相談《そうだん》をしていました。

そうして、わたしたちは、ローズさんの事務所《じむしょ》に集《あつ》まって、相談《そうだん》することになってしまいました。

そこには、ロジャーズ氏《し》という、わたしの学費《がくひ》を出《だ》していてくださる方《かた》も、来《き》てくださることになっていました。ところが、当日《とうじつ》になって、さしつかえができ、ロジャーズ氏《し》の代《か》わりに、クレメンズさんが来《き》てくださいました。

問題《もんだい》はいろんな面《めん》から論議《ろんぎ》されていきました。そして最後《さいご》に、この事業《じぎょう》にお金《かね》を出《だ》すことになっているロジャーズ氏《し》の代理《だいり》として、クレメンズさんが立《た》ちあがり、お話《はな》しになりました。

「わたしは、今度《こんど》の計画《けいかく》をお立《た》てになったご婦人《ふじん》とちがって、神《かみ》さまのお考《かんが》えがどこにあるかということはぞんじません。しかし、わたしは、ロジャーズ氏《し》のお考《かんが》えがどこにあるかということは、氏《し》の代理《だいり》として、はっきりとぞんじております。

ロジャーズ氏《し》は、ご婦人《ふじん》の推薦《すいせん》になる神《かみ》さまのご事業《じぎょう》とやらには、一文《いちもん》のお金《かね》も出《だ》せないとおっしゃっていました。そのご婦人《ふじん》は、なかなか神《かみ》さまの御心《みこころ》をよくごぞんじでおられるらしく、先《さき》ほども、不幸《ふこう》な児童《じどう》のために学校《がっこう》をたてるということは、とりもなおさず、神《かみ》さまのご意思《いし》にそうものだと、きっぱりおっしゃいましたが、わたしに言《い》わせれば、神《かみ》さまの命令書《めいれいしょ》もお持《も》ちにならないで、よくもそれが神《かみ》さまのご意《い》思《し》だなどと、おわかりになったものだと言《い》いたいくらいです。たぶん、神《かみ》さまから、代理人《だいりにん》としての委任状《いにんじょう》でも受《う》けておいでになるのでしょう。

そうでなければ、とくにこの仕事《しごと》だけが神《かみ》さまのご意思《いし》で、ほかの仕事《しごと》はご意思《いし》にそうものではないなどと、おっしゃれないはずです。」

クレメンズさんのこのきびしいお言葉《ことば》で、この問題《もんだい》はやっとかたづきました。

考《かんが》えてみますと、サリバン先生《せんせい》やわたしより、自分《じぶん》はもっと世《よ》の中《なか》を知《し》っているんだぞと考《かんが》えておられる方《かた》がたが、わたしのために、いろいろおぜんだてをしてくださいました。

その計画《けいかく》のいくつかは、もし実行《じっこう》されていたら、あるいは、わたしたちの利益《りえき》にも、社会《しゃかい》の役《やく》にも立《た》っていたかもしれません。しかし、いろいろちがった目的《もくてき》のある、そういう申《もう》し出《で》を、ひとつひとつ実行《じっこう》にうつすということは、とても不可能《ふかのう》なことでした。そんな力《ちから》も時間《じかん》も、わたしにはありません。

しかし、こういうことが起《お》こるたびに、もともとほんとうの友人《ゆうじん》ではなかったのかもしれませんが、親《した》しい人《ひと》をうしなっていくのは、わたしには悲《かな》しいことでした。

こういう友人《ゆうじん》たちはきまって、わたしがいかに無力《むりょく》であるかということをしめしてから、もし自分《じぶん》の計画《けいかく》にしたがえば、名誉《めいよ》や富《とみ》が得《え》られるばかりでなく、同時《どうじ》にそれが人類《じんるい》のためにもなる……と、説《と》くのでした。

そういうことをわたしに説得《せっとく》するために、またべつの友人《ゆうじん》を引《ひ》っぱってきたりもするのです。

そのたびに、わたしは、クレメンズさんやロジャーズ氏《し》、ハットン夫人《ふじん》やベル博士《はくし》にまでごめいわくをおかけし、追《お》っぱらっていただかなければならないのでした。

しかし、もっと悲《かな》しいこともありました。それは、あのパーキンス盲学校《もうがっこう》の校長《こうちょう》でおられた、アナグノス先生《せんせい》のことです。

それはまだわたしが少女《しょうじょ》のころのことですが、アナグノス先生《せんせい》は、サリバン先生《せんせい》とわたしを、盲学校《もうがっこう》に引《ひ》きとってくださろうとなさったことがありました。

これに反対《はんたい》なさったのは、サリバン先生《せんせい》でした。先生《せんせい》は、わたしがひとつの学校《がっこう》の内部《ないぶ》でだけ生活《せいかつ》するということは、わたしの教育《きょういく》のさまたげになると、お考《かんが》えになったのです。

身体障害者《しんたいしょうがいしゃ》というものは、もし、普通《ふつう》の環境《かんきょう》においておくことができるならば、そのほうが、かれらだけの生活《せいかつ》をさせておくよりは、はるかによいのだ――これがサリバン先生《せんせい》のお考《かんが》えでした。

いろいろないきさつから、もしわたしが、あのときにあのまま、盲学校《もうがっこう》の中《なか》でくらすようになっていたら、いまごろもっと幸福《こうふく》になっていたかもしれないと、考《かんが》えないでもありません。

なぜなら、盲学校《もうがっこう》では、だれもが指《ゆび》で話《はなし》をするのですから、なんの不自由《ふじゆう》も感《かん》じなかったでしょう。それに、わたしは目《め》の見《み》えない子《こ》どもがとてもすきなのです。それに、わたしはアナグノス先生《せんせい》を、お父《とう》さんのようにしたっていました。サリバン先生《せんせい》を、わたしのところへおつれくださったのが、アナグノス先生《せんせい》だったのですから。

しかし、わたしたちは、盲学校《もうがっこう》を去《さ》りました。アナグノス先生《せんせい》は、そのとき、「サリバンは恩知《おんし》らずだ。」と、おいかりになりました。

しかし、もしまだ先生《せんせい》がこの世《よ》においでになりましたら、あのときサリバン先生《せんせい》のなさったことが、けっきょく正《ただ》しかったのだということを、わかっていただけたと思《おも》います。

わたしの一生《いっしょう》を引《ひ》きうけようとなさった人《ひと》びとのなかには、まるでわたしを主役《しゅやく》にした劇《げき》を、わたしが考《かん》がえだしたかのようにしくみ、それがうまくいかないばかりに、すっかりめんぼくをつぶされるような方《かた》もありました。

ルーマニアの美《うつく》しい王妃《おうひ》さまがそうでした。

王妃《おうひ》は国中《くにじゅう》の盲人《もうじん》をひとつところに集《あつ》めて、楽《たの》しいホームと仕事《しごと》をあたえようと計《けい》画《かく》されたのです。それは、「光《ひかり》の炉《ろ》ばた」という、美《うつく》しい名前《なまえ》の町《まち》になることになっていました。その仕事《しごと》をわたしに手《て》つだえと言《い》ってこられたのです。

その計画《けいかく》は、たいそうりっぱなものです。しかし、盲人《もうじん》を独立《どくりつ》させるための仕事《しごと》ではありません。わたしは、お手《て》つだいできませんと、返事《へんじ》を出《だ》しました。

王妃《おうひ》はたいそうおいかりになり、わたしが、自分《じぶん》の利益《りえき》しか考《かん》がえない女《おんな》のようにお考《かん》がえになったようです。それきり、文通《ぶんつう》もとだえてしまいました。

わたしはいま、わたしにあれこれさしでがましいことをけっしてなさらなかった方《かた》がたに、心《こころ》から感謝《かんしゃ》したいと思《おも》うのです。不思議《ふしぎ》なようですが、そういう方《かた》がたにかぎって、ほんとうにわたしを助《たす》け、わたしをよろこばせてくださったのです。ベル博《はく》士《し》も、マーク・トウェイン氏《し》もそうでした。サリバン先生《せんせい》はもちろん、母《はは》もロジャーズ氏《し》も、みんなそうです。そしていつも、わたしの仕事《しごと》はわたしが自分《じぶん》でえらべるようにしておいてくださいました。

わたしは、自分《じぶん》の進《すす》むべき道《みち》にまようとき、いつも常緑樹《じょうりょくじゅ》の林《はやし》に行《い》くのです。夜《よる》のあいだ霜《しも》にいためつけられた花《はな》や葉《は》が、朝《あさ》になるとまた身《み》じまいを正《ただ》して、りりしく大空《おおぞら》を見《み》あげています。それを見《み》ると、わたしは心《こころ》を打《う》たれるのです。

また、そんな林《はやし》を歩《ある》いていると、いつも、暗《くら》い土《つち》の中《なか》で、せっせと苦労《くろう》している根《ね》の歌《うた》を聞《き》くような気《き》がするのです。

根《ね》というものは、自分《じぶん》のさかせた美《うつく》しい花《はな》を、けっして見《み》ることのできない運命《うんめい》にあるのです。

（終《お》わり）

本書《ほんしょ》は講談社《こうだんしゃ》火《ひ》の鳥伝記文庫《とりでんきぶんこ》『ヘレン・ケラー自伝《じでん》』（1981年《ねん》11月《がつ》19日初版《にちしょはん》）を底本《ていほん》に、新《あたら》しい資料《しりょう》に基《もと》づいて内容《ないよう》の改訂《かいてい》を行《おこな》い、一部《いちぶ》の文字《もじ》づかい、表現《ひょうげん》などを読《よ》みやすくあらためたものです。

ヘレン・ケラーの年表《ねんぴょう》

年代《ねんだい》	年齢《ねんれい》	できごと	世《よ》の中《なか》の動《うご》き
1880（明治《めいじ》13）	0歳《さい》	6月《がつ》27日《にち》、アメリカ合衆国《がっしゅうこく》、アラバマ州《しゅう》のタスカンビアに生《う》まれる。	
1882（明治《めいじ》15）	1歳《さい》	2月《がつ》、病気《びょうき》で失明《しつめい》、耳《みみ》も聞《き》こえなくなる。	コッホが結核菌《けっかくきん》を発見《はっけん》。
1886（明治《めいじ》19）	6歳《さい》	ベル博士《はくし》に会《あ》い、パーキンス盲学校《もうがっこう》を紹介《しょうかい》される。	
1887（明治《めいじ》20）	6歳《さい》	3月3日《がつみっか》、アン・マンズフィールド・サリバン先生《せんせい》が、家庭教師《かていきょうし》としてやってくる。	
1888（明治《めいじ》21）	7歳《さい》	5月《がつ》、パーキンス盲学校《もうがっこう》に入学《にゅうがく》。	
1889（明治《めいじ》22）			大日本帝国憲法公布《だいにっぽんていこくけんぽうこうふ》。
1890（明治《めいじ》23）	9歳《さい》	サラ・フラー先生《せんせい》に発声法《はっせいほう》を学《まな》ぶ。	
1891（明治《めいじ》24）	11歳《さい》	目《め》と耳《みみ》が不自由《ふじゆう》な少年《しょうねん》トミーのため、募金運動《ぼきんうんどう》をする。	
1892（明治《めいじ》25）	12歳《さい》	『霜《しも》の王様《おうさま》』事件起《じけんお》こる。	

1893（明治《めいじ》26）	13歳《さい》	ナイアガラのたきと万国博覧会《ばんこくはくらんかい》の見物《けんぶつ》に行《い》く。アイアンズ先生《せんせい》のもとでラテン語《ご》を学《まな》ぶ。	エジソンが映画《えいが》の原型《げんけい》を万博《ばんぱく》で発表《はっぴょう》。
1894（明治《めいじ》27）	14歳《さい》	ライト・ヒューメーソンろう学校《がっこう》に入学《にゅうがく》。	日清戦争《にっしんせんそう》始《はじ》まる。
1896（明治《めいじ》29）	16歳《さい》	ケンブリッジ女学校《じょがっこう》に入学《にゅうがく》。父《ちち》アーサー・ケラー死去《しきょ》。	
1897（明治《めいじ》30）	17歳《さい》	ハーバード大学《だいがく》の女子部《じょしぶ》、ラドクリフ大学《だいがく》の入学予備試験《にゅうがくよびしけん》に合格《ごうかく》。	
1898（明治《めいじ》31）	18歳《さい》	マートン・キース氏《し》、家庭教師《かていきょうし》となる。	
1899（明治《めいじ》32）	19歳《さい》	ラドクリフ大学《だいがく》の入学試験《にゅうがくしけん》に合格《ごうかく》。	
1900（明治《めいじ》33）	20歳《さい》	ラドクリフ大学《だいがく》に入学《にゅうがく》。	
1903（明治《めいじ》36）	23歳《さい》	『わたしの生涯《しょうがい》』『楽天主義《らくてんしゅぎ》』出版《しゅっぱん》。	ライト兄弟《きょうだい》が、動力飛行《どうりょくひこう》機《き》の初飛行《はつひこう》に成功《せいこう》。
1904（明治《めいじ》37）	24歳《さい》	ラドクリフ大学卒業《だいがくそつぎょう》。	
1905（明治《めいじ》38）	25歳《さい》	レンサムに家《いえ》を買《か》い、サリバン先生《せんせい》とともに住《す》む。サリバン先生《せんせい》がメイシー教授《きょうじゅ》と結婚《けっこん》する。『暗黒《あんこく》より出《い》でて』を出版《しゅっぱん》。	

1908（明治《めいじ》41）	28歳《さい》	『わたしの住《す》む世界《せかい》』出版《しゅっぱん》される。	
1910（明治《めいじ》43）	30歳《さい》	自由詩《じゆうし》『石《いし》のかべの歌《うた》』出版《しゅっぱん》される。	
1914（大正《たいしょう》3）	34歳《さい》	大陸横断講演旅行《たいりくおうだんこうえんりょこう》。新《あたら》しい秘書《ひしょ》、ポリー・トムソンがやってくる。	第一次世界大戦始《だいいちじせかいたいせんはじ》まる。
1915（大正《たいしょう》4）	35歳《さい》	戦争反対講演《せんそうはんたいこうえん》をする。	
1917（大正《たいしょう》6）			ロシア革命《かくめい》。
1918（大正《たいしょう》7）	38歳《さい》	映画《えいが》『救済《きゅうさい》』に出演《しゅつえん》。	
1919（大正《たいしょう》8）			パリ講和会議《こうわかいぎ》。
1920（大正《たいしょう》9）	40歳《さい》	1924年春《ねんはる》までオーヒューム一座《いちざ》の巡回興行《じゅんかいこうぎょう》に出演《しゅつえん》。	
1921（大正《たいしょう》10）	41歳《さい》	母《はは》ケイト死去《しきょ》。	
1924（大正《たいしょう》13）	44歳《さい》	アメリカ盲人協会《もうじんきょうかい》のため資金《しきん》を集《あつ》める。	
1929（昭和《しょうわ》4）			世界恐慌始《せかいきょうこうはじ》まる。
1931（昭和《しょうわ》6）	51歳《さい》	テンプル大学《だいがく》から、人文学博士《じんぶんがくはくし》の名誉称号《めいよしょうごう》を受《う》ける。第《だい》1回世界盲人大会《かいせかいもうじんたいかい》に出席《しゅっせき》。	
1932（昭和《しょうわ》7）	52歳《さい》	グラスゴー大学《だいがく》から法学博士《ほうがくはくし》の称号《しょうごう》を受《う》ける。	

1933（昭和《しょうわ》8）			ナチスのヒトラーが首相《しゅしょう》になる。
1934（昭和《しょうわ》9）	54歳《さい》	岩橋武夫《いわはしたけお》がヘレンを訪問《ほうもん》し、来日《らいにち》をねがう。	
1936（昭和《しょうわ》11）	56歳《さい》	サリバン先生《せんせい》死去《しきょ》。	
1937（昭和《しょうわ》12）	57歳《さい》	はじめて日本《にっぽん》に来《く》る。各地《かくち》で講演《こうえん》。	
1939（昭和《しょうわ》14）			第二次世界大戦始《だいにじせかいたいせんはじ》まる。
1942（昭和《しょうわ》17）	62歳《さい》	傷病兵《しょうびょうへい》の救済《きゅうさい》と愛盲運動《あいもううんどう》に活躍《かつやく》。	
1946（昭和《しょうわ》21）			日本国憲法公布《にほんこくけんぽうこうふ》。
1948（昭和《しょうわ》23）	68歳《さい》	日本《にっぽん》にふたたび来《く》る。	
1952（昭和《しょうわ》27）	72歳《さい》	フランスから、レジオン・ド・ヌール勲章《くんしょう》をおくられる。	
1955（昭和《しょうわ》30）	75歳《さい》	『先生《せんせい》』出版《しゅっぱん》される。3度目《どめ》の日本訪問《にっぽんほうもん》。	
1960（昭和《しょうわ》35）	79歳《さい》	秘書《ひしょ》のポリー・トムソン死去《しきょ》。	
1968（昭和《しょうわ》43）	87歳《さい》	6月1日《がつついたち》、ウェストポートの自宅《じたく》で死去《しきょ》。	

解説《かいせつ》

奇《き》跡《せき》の先《せん》生《せい》アン・サリバン

鳥飼行博《とりかいゆきひろ》（東海大学教養学部教授《とうかいだいがくきょうようがくぶきょうじゅ》）

貧《ひん》困《こん》と孤《こ》独《どく》のなかで育《そだ》つ

アン・サリバンは、１８６６年《ねん》に、アメリカ東部《とうぶ》のマサチューセッツ州《しゅう》で、アイルランドから来《き》たまずしい移民《いみん》の長女《ちょうじょ》として生《う》まれました。アンの本名《ほんみょう》はジョアンナですが、おさないときから、アンとよばれました。目《め》が不自由《ふじゆう》だったアンは、８歳《さい》のときに母《はは》を亡《な》くすと、父《ちち》からも養育《よういく》を放棄《ほうき》され、９歳《さい》のときに弟《おとうと》ジミーとともに、チュークスバリー州立救貧院《しゅうりつきゅうひんいん》に引《ひ》きとられました。ジミーは病気《びょうき》にかかってすぐに亡《な》くなり、アンはひとりぼっちになってしまいます。

アンは14歳《さい》のとき、視察《しさつ》に来《き》た州慈善委員会《しゅうじぜんいいんかい》の人《ひと》に勉強《べんきょう》がしたいとうったえ、それがみとめられて、パーキンス盲学校《もうがっこう》にうつることができました。

盲学校《もうがっこう》でアンは、規則《きそく》をおしつけ、自由《じゆう》な発言《はつげん》をゆるさない先生《せんせい》に反抗《はんこう》し、スピットファイア（短気者《たんきもの》）とあだ名《な》されました。同世代《どうせだい》から距離《きょり》をおかれるなか、アンは、目《め》の手術《しゅじゅつ》を受《う》けて、顔《かお》を近《ちか》づければ本《ほん》が読《よ》めるようになり、猛然《もうぜん》と勉強《べんきょう》に打《う》ちこみます。社会《しゃかい》への関心《かんしん》も広《ひろ》がり、自分《じぶん》がいた救貧院《きゅうひんいん》の職員《しょくいん》が収容者《しゅうようしゃ》から所持品《しょじひん》や食料《しょくりょう》をぬすんだ事件《じけん》を知《し》ると、1883年《ねん》にはその裁判《さいばん》を見《み》にいきます。これに対《たい》して、パーキンス盲学校《もうがっこう》のマイケル・アナグノス校長《こうちょう》は、アンが校則《こうそく》に違反《いはん》しているとして非難《ひなん》しました。他方《たほう》、アンは、盲学校寮母《もうがっこうりょうぼ》のソフィア・ホプキンズとは親《した》しくし、学校《がっこう》の休《やす》みの期間《きかん》に彼女《かのじょ》の家《いえ》ですごし、近《ちか》くの森《もり》や海《うみ》を楽《たの》しみました。また、盲学校《もうがっこう》にいた目《め》と耳《みみ》が不自由《ふじゆう》なローラ・ブリッジマンと指文字《ゆびもじ》で会話《かいわ》することをおぼえました。勉強熱心《べんきょうねっしん》なアンは、パーキンス盲学校《もうがっこう》を首席《しゅせき》（いちばんよい成績《せいせき》）で卒業《そつぎょう》しましたが、同世代《どうせだい》の友《とも》だちはいないままで、卒業後《そつぎょうご》は仕事《しごと》にもつけませんでした。

ヘレンの先生《せんせい》となり、ともに生《い》きる

アナグノス校長《こうちょう》は、電話《でんわ》の発明者《はつめいしゃ》グラハム・ベルから、ケラー家《け》で目《め》・耳《みみ》・口《くち》が不《ふ》自由《じゆう》なヘレンの面倒《めんどう》をみる女性《じょせい》をさがしていると聞《き》いて、1886年《ねん》、卒業《そつぎょう》しても仕《し》事《ごと》のなかったアンに、ケラー家《け》に行《い》くことをすすめます。アンは、大学《だいがく》で学《まな》んだことも、教員資格《きょういんしかく》もありませんから、アナグノス校長《こうちょう》は、アンを教師《きょうし》というよりも、子《こ》どものしつけを担当《たんとう》する女性《じょせい》（ガバネス）としておもむかせたのです。

1887年《ねん》3月3日《がつみっか》、ケラー家《け》に来《き》たアンは20歳《はたち》、ヘレンは6歳《さい》でした。ヘレンは食事《しょくじ》を手《て》でつかんで食《た》べるなど、まったくしつけがされていませんでした。アンは、ヘレンをときには腕力《わんりょく》でおさえつけながらしつけをし、自分《じぶん》を先生《せんせい》（ティーチャー）だと名乗《なの》ります。ヘレンは、アンの一途《いちず》な真心《まごころ》と強《つよ》い意志《いし》を受《う》けいれて、世界《せかい》の広《ひろ》さ、それを学《まな》ぶ楽《たの》しさに目覚《めざ》めていきます。ヘレンが井戸《いど》の水《みず》にふれて、はじめて言《こと》葉《ば》に意味《いみ》があることを知《し》ったとき、アンはアナグノス校長《こうちょう》あての手紙《てがみ》で、ヘレンに「奇跡《きせき》のようなこと」が起《お》こったと、よろこんで報告《ほうこく》します。他方《たほう》、アナグノス校長《こうちょう》は、ヘレンの成功《せいこう》は、パーキンス盲学校《もうがっこう》の教育《きょういく》の成果《せいか》であると世間《せけん》に宣伝《せんでん》しました。当時《とうじ》、女性《じょせい》は、家事《かじ》や男性《だんせい》の補助的《ほじょてき》な仕事《しごと》しかできないという女性差別《じょせいさべつ》が当《あ》たり前《まえ》だったので、アン本人《ほんにん》は評価《ひょうか》されなかったのです。しかし、アンは、ヘレンを教《おし》えるうちに、女性《じょせい》でも障害者《しょうがいしゃ》でも、まずしくとも、強《つよ》い意志《いし》をもって努力《どりょく》すれば、才能《さいのう》をのばし、進《すす》むべき道《みち》を見《み》つけることができると確信《かくしん》するようになりました。

ヘレンが、ラドクリフ大学《だいがく》（当時《とうじ》のハーバード大学《だいがく》の女子部門《じょしぶもん》）への進学《しんがく》を希望《きぼう》し、受験準備《じゅけんじゅんび》のために、1896年《ねん》、ケンブリッジ女学校《じょがっこう》に入学《にゅうがく》したときのことです。アーサー・ギルマン校長《こうちょう》は、高等教育《こうとうきょういく》を受《う》けていないアンでは、ヘレンの先生《せんせい》はつとまらないと主張《しゅちょう》し、アンに代《か》えて新《あたら》しい先生《せんせい》をつけることを提案《ていあん》しました。しかし、ヘレンがアンとはなれるはずがありません。ヘレンは、ケンブリッジ女学校《じょがっこう》を退学《たいがく》し、予定《よてい》どおり受験《じゅけん》して、ラドクリフ大学《だいがく》に合格《ごうかく》しました。けれども、アンは、大学《だいがく》の授業《じゅぎょう》を理解《りかい》できなければ、ヘレンに授業《じゅぎょう》をつたえられないと不安《ふあん》だったのでしょう。ふたりはもう1年勉強《ねんべんきょう》をつづけることにして、大学《だいがく》には1900年《ねん》に入学《にゅうがく》します。

自分《じぶん》の力《ちから》で独立《どくりつ》する

アンは、ラドクリフ大学《だいがく》でヘレンといっしょに授業《じゅぎょう》に出席《しゅっせき》し、ヘレンに教《おし》える過程《かてい》で学識《がくしき》を深《ふか》めていきました。いっぽう、ますます有名《ゆうめい》になったヘレンは、雑誌《ざっし》に文章《ぶんしょう》を書《か》いたり、講演《こうえん》をしたりした収入《しゅうにゅう》で経済的《けいざいてき》に自立《じりつ》できるようになります。そこで、ふたりは、卒業前《そつぎょうまえ》に自然豊《しぜんゆた》かなレンサムの地《ち》に自宅《じたく》を購入《こうにゅう》しました。まったくちがう環境《かんきょう》で育《そだ》ったふたりが家族《かぞく》になったのです。アンは、ヘレンに向《む》かって、「わたしは心《こころ》の中《なか》であなたの母親《ははおや》になるけど、あなたを自分《じぶん》のものとは思《おも》わない。あなたには、独立《どくりつ》して自分《じぶん》の立場《たちば》をきずいてほしいの。」と述《の》べています。

ヘレンは、在学中《ざいがくちゅう》に、ハーバード大学《だいがく》の講師《こうし》ジョン・メイシーに助《たす》けられ、190

3年《ねん》に『わたしの生涯《しょうがい》』を出版《しゅっぱん》し、これが本書《ほんしょ》『ヘレン・ケラー自伝《じでん》』のもとになっています。また、メイシーの影響《えいきょう》で、アンもヘレンも労働者《ろうどうしゃ》の権利《けんり》を守《まも》るための社会《しゃかい》運動《うんどう》にくわわるようになり、1905年《ねん》、アンとメイシーは結婚《けっこん》しました。アンは、ミス・サリバンからミセス・メイシーとよばれるようになったのです。しかし、夫《おっと》メイシーは、社会運動《しゃかいうんどう》のリーダーになったヘレンとアンの強《つよ》いきずなに孤独《こどく》を感《かん》じるようになり、ついにふたりの前《まえ》から姿《すがた》を消《け》してしまいます。それでも、自主独立《じしゅどくりつ》を尊《とうと》ぶアンとヘレンは、だれもが差別《さべつ》されることなく、教育《きょういく》を受《う》け、仕事《しごと》につき、そして遊《あそ》ぶことができる平等《びょうどう》な社会《しゃかい》を理想《りそう》として、自分《じぶん》たちの道《みち》を歩《あゆ》んでゆくのです。

ふたりは、講演活動《こうえんかつどう》で収入《しゅうにゅう》を得《え》ていましたが、いそがしくなったために、1914年《ねん》、助手《じょしゅ》としてポリー・トムソンをやといました。他方《たほう》、世間《せけん》がアンをヘレンの通訳《つうやく》とみなしていることに反発《はんぱつ》したヘレンは、自分《じぶん》より学識《がくしき》のある先生《せんせい》こそが講演《こうえん》の中心《ちゅうしん》になってほしいと考《かんが》えます。そして、先生《せんせい》を有名《ゆうめい》にするために宣伝《せんでん》しようとしましたが、アンは、それをぜったいにゆるしませんでした。

光《ひかり》をともす存《そん》在《ざい》になる

1917年《ねん》、アメリカが第《だい》一《いち》次《じ》世《せ》界《かい》大《たい》戦《せん》に参《さん》戦《せん》したとき、アンとヘレンは、平《へい》和《わ》回《かい》復《ふく》をうったえました。ふたりはのちに、アメリカ大《だい》統《とう》領《りょう》、石《せき》油《ゆ》王《おう》ロックフェラー、自《じ》動《どう》車《しゃ》王《おう》フォード、発《はつ》明《めい》王《おう》エジソンにも面《めん》会《かい》していますが、戦《せん》争《そう》は政《せい》治《じ》の延《えん》長《ちょう》であるというたてまえにも、貧《ひん》困《こん》の原《げん》因《いん》は怠《たい》惰《だ》である、女《じょ》性《せい》の役《やく》割《わり》は男《だん》性《せい》の補《ほ》助《じょ》であるとの差《さ》別《べつ》にも反《はん》論《ろん》しています。しかし、人《ひと》びとが聞《き》きたがるのはヘレンの体《たい》験《けん》談《だん》で、平《へい》和《わ》や社《しゃ》会《かい》活《かつ》動《どう》の話《はなし》にはあまり注《ちゅう》目《もく》してもらえませんでした。ふたりは、障《しょう》害《がい》とは、身《しん》体《たい》的《てき》な制《せい》約《やく》という個《こ》人《じん》の問《もん》題《だい》ではなく、社《しゃ》会《かい》がかかえる貧《ひん》困《こん》・無《む》理《り》解《かい》・差《さ》別《べつ》の問《もん》題《だい》であると考《かんが》えていました。当《とう》時《じ》、このような新《あたら》しい考《かんが》えは、まだ理《り》解《かい》されなかったのです。

1924年《ねん》、アンとヘレンは、アメリカ盲《もう》人《じん》協《きょう》会《かい》に入《にゅう》会《かい》し、講《こう》演《えん》や募《ぼ》金《きん》を始《はじ》めます。1930年《ねん》には初《はつ》の外《がい》国《こく》旅《りょ》行《こう》で、イギリス、アイルランドの障《しょう》害《がい》者《しゃ》施《し》設《せつ》を見《けん》学《がく》しました。その後《ご》、アンは体調《たいちょう》をくずしてしまい、視力《しりょく》もおとろえたため、仕事《しごと》を1年《ねん》間休《かんやす》むことになります。1934年《ねん》、アンがねたきりのとき、岩橋武夫《いわはしたけお》がヘレンを訪《ほう》問《もん》し、来日《らいにち》をおねがいしました。アンは、ヘレンに「日本《にっぽん》の障害者《しょうがいしゃ》のために光《ひかり》をともす人《ひと》になること」を約束《やくそく》させてから、1936年《ねん》10月20日《がつはつか》、70歳《さい》で亡《な》くなります。

ヘレンは、大《おお》きな喪失感《そうしつかん》を味《あじ》わいましたが、アンが「だれでもかくれた能力《のうりょく》があり、その能力《のうりょく》は見《み》つけられるのを待《ま》っている。」と語《かた》ってくれたこと、「先生《せんせい》は人生《じんせい》に限界《げんかい》をもうけることなく、自《みずか》らの力《ちから》をこえて生《い》きた」ことを思《おも》いかえしたと、著作《ちょさく》『先生《せんせい》』の中《なか》で述《の》べています。1937年《ねん》4月《がつ》15日《にち》、56歳《さい》のヘレンは、アンとの約束《やくそく》をはたすために来日《らいにち》しました。そして、岩橋《いわはし》にむかえられ、新宿御苑《しんじゅくぎょえん》での観桜会《かんおうかい》で昭《しょう》和天皇《わてんのう》・皇后両陛下《こうごうりょうへいか》に面会《めんかい》したり、学校《がっこう》で講演《こうえん》をしたりしました。ヘレンは、日本《にっぽん》で大《おお》きな賛辞《さんじ》を受《う》けますが、すべて「マイ・ティーチャー」にささげると書《か》いています。

アンは、だれもが自分《じぶん》の可能性《かのうせい》を追求《ついきゅう》できる社会《しゃかい》を理想《りそう》とした、光《ひかり》をともす人《ひと》だったのです。

パーキンス盲学校《もうがっこう》の初代校長《しょだいこうちょう》

サミュエル・ハウ

1801−1876年《ねん》

アメリカのボストンに生《う》まれる。大学《だいがく》で医師《いし》の資格《しかく》を取得《しゅとく》したあと、ギリシャの独《どく》立戦争《りつせんそう》におもむき、兵士《へいし》として6年間《ねんかん》すごした。1831年《ねん》、30歳《さい》のときにアメリカに帰《かえ》ると、大学時代《だいがくじだい》の友人《ゆうじん》から、アメリカではじめての盲人《もうじん》のための学校《がっこう》、パーキンス盲学校《もうがっこう》の運営《うんえい》を手《て》つだうようたのまれ、初代《しょだい》の校長《こうちょう》となった。盲学校《もうがっこう》といっても、ほかの障害《しょうがい》のある人《ひと》も受《う》けいれていた。

そして、1832年《ねん》から、ハウ自身《じしん》も何《なん》人《にん》かの障害者《しょうがいしゃ》に対《たい》して教育《きょういく》を始《はじ》める。1837年《ねん》に入学《にゅうがく》してきた、目《め》と耳《みみ》が不自由《ふじゆう》で、においもわからないローラ・ブリッジマンへの点字《てんじ》や指文字《ゆびもじ》を使《つか》った教育《きょういく》に成功《せいこう》し、学校《がっこう》の名《な》を高《たか》めるとともに、その教育法《きょういくほう》は世界中《せかいじゅう》に広《ひろ》まった。

14歳《さい》の孤児《こじ》で、病気《びょうき》のためにほとんど目《め》が見《み》えなかったアン・サリバンが、この学《がっ》校《こう》に入学《にゅうがく》したのは、ハウが亡《な》くなってから4年後《ねんご》のことだった。

光《ひかり》と音《おと》と愛《あい》を
あたえてくれた恩人《おんじん》

グラハム・ベル

1847－1922年《ねん》

スコットランドのエディンバラに生《う》まれる。ベルは、電話《でんわ》を発明《はつめい》した人《ひと》として、とても有名《ゆうめい》だ。かれがつくった電話会社《でんわがいしゃ》は、その後《ご》AT&T《エーティーアンドティー》社《しゃ》という名前《なまえ》にかわり、アメリカ最大《さいだい》の通信会社《つうしんがいしゃ》に成長《せいちょう》した。

科学者《かがくしゃ》のベルは、アメリカのボストン大《だい》学《がく》で、音《おと》はどのようにすると出《で》て、どうつたわるかということを研究《けんきゅう》していた。その研究《けんきゅう》のなかで電話《でんわ》を発明《はつめい》したのだった。おかげで、たくさんのお金《かね》が手《て》に入《はい》ったが、ベルがそれよりも大事《だいじ》に思《おも》っていたのは、ろう者《しゃ》のためになる研究《けんきゅう》だった。ベルはいつも、「わたしのいちばん大事《だいじ》な仕事《しごと》はろう教育《きょういく》。」と言《い》っていた。ろう教育《きょういく》とは、耳《みみ》の聞《き》こえない人《ひと》が、音《おと》を知《し》り、言葉《ことば》を話《はな》せるようにする教育《きょういく》のこと。ろう者《しゃ》が、ほかの人《ひと》になにかをつたえるのに、手話《しゅわ》だけでなく、普通《ふつう》の人《ひと》と同《おな》じような発語《はつご》による方法《ほうほう》を考《かんが》えていたのだ。

6歳《さい》のヘレン・ケラーにとって、ベルとの出会《であ》いは、とても大《おお》きなことだった。闇《やみ》の中《なか》から光《ひかり》の世界《せかい》へ、音《おと》のない世界《せかい》から自《じ》分《ぶん》で言葉《ことば》を発《はっ》する世界《せかい》へ、孤独《こどく》から愛《あい》の世《せ》界《かい》へとみちびいてくれた大恩人《だいおんじん》なのだ。

苦労《くろう》を重《かさ》ねた
やさしい大作家《だいさっか》

マーク・トウェイン

1835-1910年《ねん》

アメリカのミズーリ州《しゅう》に生《う》まれる。本名《ほんみょう》はサミュエル・ラングホーン・クレメンズ。アメリカを代表《だいひょう》する作家《さっか》のひとりで、『トム・ソーヤーの冒険《ぼうけん》』や『ハックルベリー・フィンの冒険《ぼうけん》』などの作品《さくひん》は、いまなお、世界中《せかいじゅう》で愛読《あいどく》されている。

4歳《さい》のとき、一家《いっか》はアメリカ南部《なんぶ》のミシシッピー川《がわ》ぞいの町《まち》に引《ひ》っこす。川《かわ》には多《おお》くの船《ふね》が行《ゆ》きかい、町《まち》はにぎわっていた。ここでのくらしや、出会《であ》った人《ひと》びとが、のちに書《か》かれる物語《ものがたり》のモデルとなった。

12歳《さい》のときに、父親《ちちおや》がたくさんの借金《しゃっきん》をかかえて亡《な》くなり、17歳《さい》で印刷工《いんさつこう》として独《どく》立《りつ》し、ふるさとをはなれる。そして、船《ふね》の「水先人《みずさきにん》」となり、南北戦争《なんぼくせんそう》では南軍《なんぐん》の兵《へい》士《し》になる。戦争《せんそう》が終《お》わると、サンフランシスコにうつりすんで、新聞記者《しんぶんきしゃ》となった。わかいころからさまざまな経験《けいけん》を積《つ》みかさねたことが、その後《ご》の作家《さっか》としての活動《かつどう》に、役《やく》に立《た》っているのだろう。

マーク・トウェインがヘレンに出会《であ》ったのは59歳《さい》のとき。三重苦《さんじゅうく》を背負《せお》う特別《とくべつ》な人《にん》間《げん》としてではなく、ごく普通《ふつう》の14歳《さい》の少女《しょうじょ》としてヘレンに接《せっ》したのだった。

多重障害《たじゅうしょうがい》を乗《の》りこえた先輩《せんぱい》

ローラ・ブリッジマン

1829-1889年《ねん》

2歳《さい》のとき、病気《びょうき》によって、視覚《しかく》、聴覚《ちょうかく》、嗅覚《きゅうかく》をうしなった。7歳《さい》でパーキンス盲学校《もうがっこう》に入《はい》り、ハウの指導《しどう》を受《う》け、点字《てんじ》をはりつけたナイフやフォークなどを用《もち》いて、ものには名前《なまえ》があることを知《し》る。

文字《もじ》と言葉《ことば》をおぼえると、次《つぎ》に指《ゆび》を使《つか》って文字《もじ》を表《あらわ》すことを学《まな》んだ。ヘレンより前《まえ》に、多重障害《たじゅうしょうがい》をせおいながら、他人《たにん》と会話《かいわ》ができるようになった人《ひと》として知《し》られる。

有能《ゆうのう》なヘレンの秘書《ひしょ》

ポリー・トムソン

1885-1960年《ねん》

ヘレンが有名《ゆうめい》になり、アン・サリバンとアメリカ中《じゅう》を講演旅行《こうえんりょこう》するようになったとき、身《み》のまわりの世話《せわ》をする秘書《ひしょ》としてやとわれた。視力《しりょく》のおとろえはじめたアンは、ヘレンとじょうずに会話《かいわ》ができるようにと、ポリーに指文字《ゆびもじ》を教《おし》える。

アンの亡《な》きあとは通訳《つうやく》としても活躍《かつやく》し、46年間《ねんかん》、ヘレンをささえた。ヘレンとともに日本《にっぽん》にも来《き》ている。

障害者《しょうがいしゃ》のためにはたらいた人《ひと》たち

世界中《せかいじゅう》で使《つか》われる点字《てんじ》を発明《はつめい》した

ルイ・ブライユ

1809-1852年《ねん》

　フランスの小《ちい》さな村《むら》クーブレに生《う》まれる。3歳《さい》のとき、父親《ちちおや》の工房《こうぼう》で、あやまって道具《どうぐ》の刃先《はさき》で右目《みぎめ》をさし、不適切《ふてきせつ》な治療《ちりょう》の影響《えいきょう》で、左目《ひだりめ》も見《み》えなくなってしまった。10歳《さい》でパリの盲学校《もうがっこう》に入学《にゅうがく》。体《からだ》は弱《よわ》かったが、かしこくて勉強熱心《べんきょうねっしん》だった。そして、目《め》の見《み》えない人《ひと》でも、読《よ》んだり書《か》いたりできる文字《もじ》はないものかと、ずっと考《かんが》えつづけ、16歳《さい》のとき、6点式《てんしき》の点字《てんじ》を発明《はつめい》した。

　3つずつ、たてに2列《れつ》にならんだ6つの点《てん》のうち、もりあがった点《てん》の数《かず》と位置《いち》をかえることで、アルファベットの文字《もじ》ひとつひとつを表《あらわ》すというもの。このすばらしい発明《はつめい》によって、目《め》の見《み》えない人《ひと》でも本《ほん》が読《よ》めるようになった。ヘレンが習得《しゅうとく》したのもブライユの点字《てんじ》である。

　43歳《さい》でこの世《よ》を去《さ》ったが、点字《てんじ》はその後《ご》世界中《せかいじゅう》に広《ひろ》まり、いまでは140か国《こく》以上《いじょう》の国《くに》で使《つか》われている。日本《にっぽん》の点字《てんじ》も、ブライユのものをもとにしてつくられている。

日本《にっぽん》の盲人《もうじん》のために一生《いっしょう》をささげた

岩橋武夫《いわはしたけお》

1898-1954年《ねん》

大阪市《おおさかし》に生《う》まれる。21歳《さい》のとき、病気《びょうき》で目《め》が見《み》えなくなった。絶望《ぜつぼう》から立《た》ちなおらせてくれたのは、母《はは》と妹《いもうと》だった。通《かよ》っていた早稲田大学《わせだだいがく》を中退《ちゅうたい》して、大阪《おおさか》の自宅《じたく》に近《ちか》い関西学院《かんせいがくいん》に入《はい》ると、妹《いもうと》の静子《しずこ》がいっしょに通学《つうがく》し、代《か》わりにノートをとってくれた。そのおかげで、岩橋《いわはし》は大学《だいがく》を卒業《そつぎょう》する。

その後《ご》、イギリスに留学《りゅうがく》して勉強《べんきょう》をつづけ、帰国《きこく》すると母校《ぼこう》で教《おし》えながら、点字《てんじ》の本《ほん》の出版《しゅっぱん》を始《はじ》め、自宅《じたく》を点字図書館《てんじとしょかん》にした。

また、盲人《もうじん》のための福祉施設《ふくししせつ》、ライトハウスを、日本《にっぽん》にもつくりたいとねがう。ライトハウスとは灯台《とうだい》のことで、盲人《もうじん》の行《ゆ》く手《て》をてらす場所《ばしょ》という意味《いみ》だ。1935年《ねん》、37歳《さい》のときにそれを実現《じつげん》させた。

講演《こうえん》のためにアメリカにわたったとき、岩橋《いわはし》はヘレン・ケラーをたずね、日本《にっぽん》に来《き》てほしいとたのんだ。そのときは、アン・サリバンが重《おも》い病気《びょうき》にかかっていたため、すぐには無理《むり》だったが、そのアンのすすめもあり、ヘレンは1937年《ねん》と1948年《ねん》に日本《にっぽん》に来《き》て講演《こうえん》を行《おこな》った。1955年《ねん》、ヘレンの3回目《かいめ》の来日《らいにち》は、前《まえ》の年《とし》に亡《な》くなった岩橋《いわはし》をとむらうためだった。

訳者紹介

今西祐行　いまにし すけゆき

児童文学作家。1923年大阪府生まれ。早稲田大学仏文科卒業。在学中から早大童話会に属し、児童文学を志す。主な児童文学の著作に『肥後の石工』『浦上の旅人たち』『光と風と雲と樹と』。そのほか絵本作品に「源平絵巻物語」シリーズ、『土のふえ』など。日本児童文学者協会賞、野間児童文芸賞、小学館文学賞、芸術選奨文部大臣賞など受賞多数。1992年紫綬褒章を受章。2004年死去。

画家紹介

佐竹美保　さたけ みほ

画家。1957年富山県生まれ。SF、ファンタジーを中心に幅広く活躍。おもな作品に『魔女の宅急便』（その③〜その⑥、角野栄子）、『虚空の旅人』『蒼路の旅人』（「旅人」シリーズ、上橋菜穂子）、「ハウルの動く城」シリーズ（ダイアナ・ウィン・ジョーンズ、訳＝西村醇子・市田泉）、『美女と野獣 七つの美しいお姫さま物語』（ボーモン夫人、訳＝巖谷國士 ほか）、『ヨーレのクマー』（宮部みゆき）、『白い花びら』（やえがしなおこ）などがある。

解説者紹介

鳥飼行博　とりかい ゆきひろ

経済学者。1959年茨城県生まれ。東京大学大学院経済学研究科修了。経済学博士。東海大学教授。専門は環境平和学。ヘレン・ケラーやアン・サリバンの伝記を監修している。

人物伝執筆――――――八重野充弘《やえのみつひろ》
人物伝イラスト　―――光安知子《みつやすともこ》
口絵写真――――――Getty Images／朝日新聞社
編集――――――――オフィス303

講談社 火の鳥伝記文庫　10

ヘレン・ケラー自伝《じでん》（新装版《しんそうばん》）

ヘレン・ケラー 作／今西祐行《いまにしすけゆき》 訳

1981年11月19日　第1刷発行
2016年4月15日　第74刷発行
2017年10月18日　新装版第1刷発行

発行者――――――鈴木　哲
発行所――――――株式会社 講談社
東京都文京区音羽2-12-21　郵便番号112-8001
電話　編集（03）5395-3536
販売（03）5395-3625
業務（03）5395-3615

ブックデザイン――――祖父江 慎＋福島よし恵（コズフィッシュ）
印刷・製本――――――図書印刷株式会社
本文データ制作―――講談社デジタル製作

N.D.C. 289　222p　18cm
Printed in Japan
ISBN978-4-06-149923-2

講談社《こうだんしゃ》 火《ひ》の鳥《とり》伝記《でんき》文庫《ぶんこ》 新装版《しんそうばん》によせて

火《ひ》の鳥《とり》は、世界中《せかいじゅう》の神話《しんわ》や伝説《でんせつ》に登場《とうじょう》する光《ひかり》の鳥《とり》です。灰《はい》のなかから何度《なんど》でもよみがえり、永遠《えいえん》の命《いのち》をもつといわれています。

伝記《でんき》に描《えが》かれている人々《ひとびと》は、人類《じんるい》や社会《しゃかい》の発展《はってん》に役立《やくだ》つすばらしい成果《せいか》を後世《こうせい》に残《のこ》した人々《ひとびと》です。みなさんにとっては、遠《とお》くまぶしい存在《そんざい》かもしれません。

しかし、かれらがかんたんに成功《せいこう》したのではないことは、この本《ほん》を読《よ》むとよくわかります。

一生懸命《いっしょうけんめい》取《と》り組《く》んでもうまくいかないとき、自分《じぶん》のしたいことがわからないとき、そして将来《しょうらい》のことを考《かんが》えるとき、みなさんを励《はげ》ましてくれるのは、先《さき》を歩《ある》いていった先輩《せんぱい》たちの努力《どりょく》するすがたや、失敗《しっぱい》の数々《かずかず》です。火《ひ》の鳥《とり》はかれらのなかにいて、くじけずチャレンジする力《ちから》となったのです。

伝記《でんき》のなかに生《い》きる人々《ひとびと》を親《した》しく感《かん》じるとき、みなさんの心《こころ》のなかに火《ひ》の鳥《とり》が羽《は》ばたいて将来《しょうらい》への希望《きぼう》を感《かん》じられることを願《ねが》い、この本《ほん》を贈《おく》ります。

2017年《ねん》10月《がつ》

講談社《こうだんしゃ》

ヘレン・ケラー

Helen Keller.